JN165083

憲法改正論の焦点

平和・人権・家族を考える

辻村みよ子 著
Tsujimura Miyoko

法律文化社

はしがき

二〇一七年五月三日、日本国憲法は施行七〇周年を迎えました。これまでの七〇年間、憲法の解釈によって内容を変更する「解釈改憲」という手法によって種々の変容を被りながらも、ともかく、憲法九六条の手続による「明文改憲」は行われずに来ました。その間、国民主権、基本的人権の尊重、平和主義という基本原則は、徐々に国民の間に定着し、日本の戦後民主主義や人権保障の進展に寄与することができたといえます。何より、第二次世界大戦への反省から、非武装平和を誓った憲法九条を堅持し、戦争をしない平和国家として国際的な地位を築いてきたことは、国民の生活や経済発展を守る上でも、計り知れない大きな意義を持っていました。

しかし、七〇周年の当日、内閣総理大臣である安倍晋三自民党総裁は、二〇二〇年に憲法九条改正を施行したいという具体的な方針を打ち出し、自らの政権下でいよいよ「改憲」を実現する意思を明らかにしました。国会や与党内ですら、具体的な議論をしていない段階で、このような発言が飛び出したことに、与野党だけでなく、マスコミや国民も驚いたという状況です。

他方、同じころ発表された新聞各社の世論調査結果では、憲法九条を改正せよという意見は以前よりも大幅に少なくなっていました。ＮＨＫが発表した世論調査結果でも、「憲法九条の改正は必要か」という質問に対して、「必要」と答えたのは二五％、「必要ない」と答えたのが五七％に及んでいました。（ＮＨＫ世論調査「日本人と憲法二〇一七」ＮＨＫ ＮＥＷＳ ＷＥＢ、https:www3.nhk.or.jp/news/special/kenpou70/yoron2017.html）。

このように、国民の意見とも異なって憲法改正を自らの手で実現したいというのは、国民のためというよりは、政治家個人や政党の野望・宿願によるものであり、何より「国民不在の」「政治の論理」によるものであると言わざるを得ないでしょう（これが「政治の論理」に他ならないことについては、辻村『比較のなかの改憲論』岩波新書を参照してくだされば幸いです）。

憲法改正の内容よりも、ともかく一度「憲法改正を国民に一度味わってもらう」という、「お試し改憲論」と称されている実態（朝日新聞二〇一七年五月三日朝刊、社説参照）も、私たち国民＝主権者からすれば、大きな問題です。ほかならぬ国民にとって重要な意味を持つ憲法改正が、政治家の野心や「お試し」のために行われるなど、もってのほかです。本当に、主権者である国民一人一人が納得して、大多数の主権者が提案に賛成してはじめて、憲法改正を行うことが許されるといえるでしょう。

さらに、二〇一七年九月の突然の解散表明と一〇月二二日の総選挙の結果、野党の分断によって大勝した与党が、議席の三分の二を占めることとなりました。これによって、今後は、憲法改正の論議が本格化することが予想されます。このようなときこそ、私たち一人一人が憲法改正の意味や立憲主義の内容を正しく理解し、「熟議」を経たうえで、大多数の国民の明確な意思のもとに審議が進められることが求められます。

本書は、このような状況下にある今こそ、必要な情報を一人でも多くの皆様にお届けするため、戦後の改憲論議の焦点であり続けてきた平和主義（九条）や家族の問題（二四条）を中心に編集したものです。内容は、市民・学生や弁護士等の皆様に対して直接お話ししてきた数々の講演（一七三頁の一覧参照）をベースとして加筆しています。

この本では、第1章で、現在、「立憲主義」の危機が問題になっていることから、「立憲主義」とは何か、ひいては、憲法とは何か、ということをもう一度考え直し、日本国憲法の生い立ちに立ち戻りながら、憲法を読み直します。

さらに、第2章では、憲法九条や平和主義、平和的生存権について考えます。憲法がどこまで私たちの暮らしに根付いているかという観点を根底に置きながら、改憲論の焦点である憲法九条の解釈や運用、今後の展望、平和的生存権の意義などについて述べています。

そして、第3章では、憲法九条に比べればあまり知られてないものの、国民の家族生活にとって大きな意味を持つ憲法二四条と一三条・一四条を取り上げます。ちょうど、民法七三三条（女性のみに再婚を六箇月間待たせる規定）の一部が憲法に違反するという最高裁判決が二〇一五（平成二七）年一二月一六日に出され、二〇一六年六月に民法が改正されたばかりです。この問題は、現在でも多数存在すると言われている「無戸籍」の人の問題にも関わっており、旧憲法下の家制度の残滓が、戦後七〇年以上たった今でも大きな影響を与えていることを示しています。また、同じ日の最高裁判決で、夫婦に同姓を強制する民法七五〇条が憲法に違反しないと判断されたことから、選択的夫婦別姓制や通称使用の問題が議論されています。これらは、男女を問わず、国民の生活にとって極めて重要な問題であり、憲法二四条（および一三条・一四条）が定める「個人の尊厳」や男女平等などの人権の基本原理が本当に私たちの社会に根付いているかを判断する試金石になるものです。

本書では、このように、憲法の人権保障や平和主義の規定が私たちの生活や権利を守ってきたのか、という観点から、改めて憲法の歩みをふりかえり、平和と人権・家族の問題を中心に、憲法改正論議について考えてみることにします。

私たち一人一人が憲法のことを考え、学ぶために、この本がお役に立つことができれば、幸いです。

二〇一八年二月

辻村みよ子

目次

第1章

立憲主義と憲法改正

——憲法を読み直す

憲法前文第一段　日本国民は、正当に選挙された国会における代表者を通じて行動し……政府の行為によつて再び戦争の惨禍が起ることのないやうにすることを決意し、ここに主権が国民に存することを宣言し、この憲法を確定する。

第四段　日本国民は、国家の名誉にかけ、全力をあげてこの崇高な理想と目的を達成することを誓ふ。

憲法第九六条第一項　この憲法の改正は、各議院の総議員の三分の二以上の賛成で、国会が、これを発議し、国民に提案してその承認を経なければならない。この承認には、特別の国民投票又は国会の定める選挙の際行はれる投票において、その過半数の賛成を必要とする。

第二項　憲法改正について前項の承認を経たときは、天皇は、国民の名で、この憲法と一体を成すものとして、直ちにこれを公布する。

憲法第九九条　天皇又は摂政及び国務大臣、国会議員、裁判官その他の公務員は、この憲法を尊重し擁護する義務を負ふ。

1 「改憲」論議の高まり——日本の立憲主義は危機にあるのか

二〇一二（平成二四）年一二月の総選挙で、民主党政権から自民党政権への政権交代がありました。選挙の公約には憲法改正についてはほとんど取り上げられてはいませんでしたが、自民党が勝利したその夜から、憲法改正が課題であることが強く語られるようになりました。そして、翌年二〇一三年の春ころから、憲法九六条の憲法改正手続が厳しすぎるから改正をしようという議論が、第二次安倍政権のもとで盛んになりました。当時、私自身が全国憲法研究会という会員五〇〇人位の学会の代表を務めていた関係もあり、日本の憲法改正手続は厳しすぎるのか、などについて、マスコミ関係者の皆様から、質問をたくさん頂きました。私が、国公立大学法学部初の女性憲法学教授であったということを知っておられる方もおられ、テレビや新聞だけでなく、女性週刊誌や女性団体などからも、憲法とは何か、についてたくさん取材を受けました。このように憲法についての関心が高まったのは、稀なことだったと思います。

そこで、マスコミの方々の質問に答える形で、二〇一四年一月に『比較のなかの改憲論』（岩波新書）という書物を刊行する機会を得ました。この内容を踏まえて、本書では、憲法施行七〇周年にあたって、改めて、憲法とは何かを考え、日本の立憲主義が危機にあるのか、現在議論されている憲法改正問題の焦点は何か、について考えてみたいと思います。

実際、二〇一四年七月以降、とくに立憲主義についての議論が大きな関心を集めました。発端は、同年七月一日に、集団的自衛権を容認する閣議決定が行われたことにあります。これまで、長い間、自衛隊の合憲性が議論されるなかで、自衛隊は軍隊ではなく個別的自衛権を行使する専主防衛のための特別な部隊であって、自衛力を行使するものであるため戦力の不保持を定めた九条二項に反しない（自衛力は戦力ではない）という「解釈」を行って、政府と内閣法制局は自衛隊の合憲性を認めてきたのです。個別的自衛権は認めるが集団的自衛権は憲法違反であると「解釈」した理由は、さすがに同盟関係にある他国のために戦う集団的自衛権まで認めると、憲法九条二項が禁止する戦力の行使にあたるためです。そのため集団的自衛権は認めない、ということを境界線にしてきた長年の政府解釈を、一内閣（総理大臣）の意思によって、国会等での議論がまったくないままに、一夜にして変更してしまいました。これは極めて重大なことです。

これに対して、市民・学生らが国会前の広場などでデモや集会を企画して抗議を続けました。さらに、約一年後の二〇一五年六月の憲法審査会の席上で、三人の憲法学者のすべてが、集団的自衛権論に基づく安全保障法制（安全保障関連法）を憲法違反であると断言したことから、立憲主義の危機、という議論が沸騰しました。マスコミでは憲法学者の全員にアンケートを送ったところ、ほとんどが違憲と回答したことなどから、憲法が社会的にも大きく取り上げられることになりました。シールズといわれる大学生など若者のグループも国会前の抗議行動に参加しました。しかしこれらの抗議行動にもかかわらず、集団的自衛権を行使して自衛隊を海外に派兵できるようにするいわゆる安保法制が同年九月に成立し、ますます「立憲主義」が危機的な状況になってきました。

日本国憲法は、その前文で、日本国民が、「わが国全土にわたって自由のもたらす恵沢を確保し、政府の行為によって再び戦争の惨禍が起こることのないようにすることを決意し、ここに主権が国民に存することを宣言し、この憲法を確定する」ことを定めています。憲法前文のなかで、「日本国民は、国家の名誉にかけ、全力をあげてこの崇高な理想と目的を達成することを誓ふ」と、明確に述べているのです（関連条文は、本書一頁参照）。

すなわち、憲法とは、私たち国民が、主権者として、みずから定めた基本法（最高法規）であり、全力をあげてこの崇高な理想と目的を達成することを誓ったものであるはずです。国民が、自分で定めた基本法を、自分たちで守ってゆくことが最も重要なことであり、政府や国会議員たちは、国民の代表として、国民からの信託を受けて、国民の人権を守るために、「憲法尊重擁護義務」（九九条）のもとで、憲法を守るための仕事を引き受けているにすぎないのです。

しかし、実際には、政府与党のほうで、国民のために憲法を守るという姿勢に欠けており、長い間、憲法を改正して自主憲法を作ることばかり追い求めてきたのではないでしょうか。そして国民も、それに慣れてしまい、憲法を十分に理解したり、勉強したり、自分のものにする努力を怠ってきたかもしれません。

憲法を、国民自身のために、国民一人一人の人権のために実現し、「憲法を使いこなす」という発想が乏しかったのではないか、と悔やまれます。

それではどうして、日本では、これまで、憲法が国民のために十分に使われず、政府は憲法を守ってこなかったのでしょうか。この点は、次のように、答えることができます。

――他国と違って、日本では、長い間政権を担当し続けてきた自由民主党という政党の「党是」

（綱領等）で、憲法改正・自主憲法制定が目的として明記されているのです。一九五五年の結党以来長期単独政権を続けていた四〇年間も、また、その後も、今も、ずっと日本国憲法を批判し続け、改憲論の立場に立って政治を行ってきたことが、憲法を重視しない一般的風潮の根底にあるように思えます。人権や民主主義が根付いていないことも、憲法軽視の結果といえるでしょう、と。

実際に、自由民主党が成立した一九五五年の「党の政綱」（昭和三〇年一一月一五日）の第六項には、憲法の自主的改正をはかり、自衛軍備を整えるという目的が明確に定められています。このように、憲法の改廃を党の綱領に掲げている政党のもとで、憲法改正という宿願を果たすという「政治の論理」が進められているということを、主権者国民は、改めて確認しておく必要があるでしょう。

憲法記念日の不思議な慣行

さらに、これまでの憲法記念日の在り方も、日本では特殊です。諸外国では、憲法尊重擁護義務を負っている政府与党が、憲法記念日に、「憲法をいかに守るか」を考える日にすべく、記念式典などを開いたり、憲法を守るようにコメントを出したりします。

ところが、日本の実態はその反対で、政府主催の記念式典などもなく、逆に、与党の政治家たちは、財界人などや保守層の支持者と一緒に「改憲派」の自主憲法・新憲法制定のための集会を開いたり、参加したりしてきました。他方で、野党や研究者、市民らが「護憲派」の集会を開いて、憲法の意義を確認し、憲法を守って国民の人権を実現する必要性を主張してきました。このような

「護憲派」「改憲派」の対立構図が、五五年体制以来続き、マスコミも国民もこれに慣れてしまったようにみえます。

実際、このような構図を背景にしたレッテル貼りが、政治の世界だけでなく、憲法学界や関係諸学会でも行われる傾向がありました。毎年繰り返される憲法記念日の不思議な光景の由来は、実は、日本国憲法の出生の秘密、すなわち、憲法制定過程の特殊性にあったわけです。

そして長期間政権を担当してきた自由民主党が、連合軍総司令部（GHQ）に押し付けられたよくない憲法だから改正しようと言い続けてきた、いわゆる「押し付け憲法」論によって日本国憲法を批判し、「解釈改憲（憲法九六条の手続を取らずに憲法解釈で実質的な変更をもたらすこと）」か、「明文改憲（九六条の手続による憲法改正）」かのいずれかの手法で、いずれにしても、憲法を変えるための政治、憲法を守らない政治を行ってきたといえます。これは国民にとっては不幸なことであるとも言わざるを得ません。

憲法施行七〇周年の二〇一七年も同じでした。諸外国であれば、おそらく、七〇周年という節目の年を祝う記念行事を政府が主催して、総理大臣が憲法を尊重することを誓う、ということが一般的であろうと思われますが、日本では逆でした。「日本会議」等が主導した憲法改正のための集会（民間憲法臨調、美しい日本の憲法をつくる国民の会主催）に、自民党総裁として安倍首相がビデオメッセージを送り、憲法の明文改正を、とにかくオリンピックの年までに実現することが目標であることを述べました。さらに、国民的議論に値する案として、九条一項二項を残しつつ自衛隊を明記したり、教育の無償化を含めるという具体的な提案までしたのです。

しかも、その同じ日に、読売新聞紙上にロングインタビューが掲載されており、自民党総裁としての個人的な見解が詳細に述べられていました。その後の国会審議の中では、内閣総理大臣（首相）と、自民党総裁の立場を使い分け、自民党総裁としての意見は読売新聞に載せているから熟読して頂きたい、とまで発言して、多くの国民や野党議員の顰蹙を買うことになりました。しかも問題なのは、このような首相と自民党総裁の区別論は、実際には読売新聞紙上では曖昧にされており、新聞紙上の小見出しには、「首相インタビュー」と記載されていたことです。これでは、国民からみれば、政府の代表である首相が改憲を提案していることにほかならず、憲法改正を発議するのは国会であることを定めている憲法九六条や、政府に憲法尊重擁護義務があることを明らかにしている憲法九九条に抵触することになります。このことを指して、「立憲主義に反する」のではないか、という疑問が出されたのもうなずけます。

憲法改正手続と立憲主義

では、なぜそのように、政権与党によって日本国憲法が嫌われ、日本国憲法が尊重されてこなかったのかと問えば、最終的には、憲法制定期の「押し付け憲法」論にたどりつきます。そこで、今日の憲法改正論議の背景にある憲法制定過程の特徴について、最近の発見や新しい資料などによりながら、また、フランス憲法・アメリカ憲法との比較や、日本憲法史などの広い視点から、みてゆくことにしましょう。

日本国憲法の精神である近代立憲主義の考え、とくに国民主権や人権保障の考え方がどのように作られてきたのかを学ぶためには、一八世紀のアメリカ独立宣言やフランス人権宣言の考え方が、どのように現代に伝えられてきたのか、という歴史に遡り、フランスなど外国との比較などを行うことが重要です。さらに、最近の議論の焦点である、憲法改正手続と「立憲主義」・「硬性憲法」の関係についても、外国憲法との比較の視点からみておくことが有益です。現在の憲法改正論の最終的な目的が、平和主義に関する九条の改正や前文の平和的生存権規定の削除であることは、二〇一二年の自民党改憲草案などにも示されていますので、これについても、比較憲法的な視点からみておくことが必要となります。

2 憲法と立憲主義——国家と国民の関係

最初の論点は、「立憲主義とは何か」「硬性憲法とは何か」「なぜ、硬性憲法なのか」、という問題です。その前に、憲法とはいったい何か、世界にいくつあるのか、ということから述べたほうがいいかもしれません。拙著『比較のなかの改憲論』(岩波新書)にも書きましたが、憲法は、国家の統治の組織や人権原理などを定めた国の基本法であり、最高法規です。とするとすべての国に憲法があるとして、国の数だけ憲法があるということになりそうです。

現在、国連に加盟している国は一九三カ国、外務省の発表では、日本が承認している国数は一九四カ国で、日本を加えた一九五カ国が「世界の国の数」とされています。日本が承認しているバチカン、コソボ共和国などは国連に加盟しておらず、日本が承認していない北朝鮮は国連加盟国なので、この一九五カ国という数も必ずしも実態を反映したものではないといえます。そのほかに、例えば二〇一二年のロンドンオリンピックや二〇一六年のリオデジャネイロオリンピックには、それぞれ二〇四ないし二〇六の国（国連未加盟国も含む）と地域（香港、グアムなど）が参加したわけで、これらの「国と地域」には、呼称や形式が異なっても、いずれも統治の組織や原理を定めた法規があり、最高法規としての実質的な憲法（自治法等）を持っていますから、国の数よりも多くなっています。

また、明文の実定法（成文憲法）として存在しているものが圧倒的多数であるとしても、例外的に成文化されていない不文憲法も存在します。イギリス、ニュージーランド、イスラエルなどがこれに分類されます。ただしイギリスでも、実際には国会主権の原則のもとで国会によって制定された基本的な法律（人身保護法、王位継承法、議会法など）が憲法としての役割を果たしており、「形式的意味の憲法」は存在しないとしても実質的には憲法と呼べる法規が存在しているわけです。

このことからわかるのは、国家がどういう形をとっているかとか、あるいは、憲法が形式的にどういう名称によっているかを問わず、統治や人権などの基本原理を定めた最高法規として、実質的な憲法を持っているということです。これらのうち、形式的意味での憲法典として現存する憲法で最も古いのは一七八七年制定のアメリカ合衆国憲法で、ノルウェー（一八一四年）、ベルギー（一八三一年）の憲法がこれに続きます。一九五八年制定のフランス第五共和国憲法も、一七八九年の人権宣言（人および市民の権利宣言）を現行憲法規範として認めていますので、国によっては、二三〇年も前の法規が今もなお生き続けていることがわかります。

このうち、一八世紀に制定されたアメリカ合衆国憲法やフランスの一七九一年憲法などは、国民主権、基本的人権、権力分立などの基本原理を定めており、これらを近代立憲主義と呼びますが、これらの憲法では、いずれも、「憲法を制定して権力者を縛る」という考え方を採用しています。

この考え方を「立憲主義」と呼びますが、例えば、フランス革命期には、一七九一年憲法では立憲君主制、一七九三年憲法では共和制、ナポレオンが権力を持った一八〇四年憲法が帝制、というように、さまざまな政治形態とも結び付いて憲法がつくられました。フランス革命期には、国王を追放して共和制にした後に一七九三憲法を制定して、共和制を確定させました。この意味では、ほとんどすべての憲法は、当時の（元の）権力者にとっては押し付けられたものです。そのうえ、世界の大部分の憲法は、改正手続を厳格にして憲法改正を難しくしている「硬性憲法」です。まさに「立憲主義」を徹底するために、憲法改正の難しさを競っているともいえる状況にあります。

ある新聞社のインタビューで、「多くの国の憲法が『硬性憲法』になっているのは、本質的に権力者は横暴にふるまう可能性があるという認識が世界中の人びとに歴史的に共有されているためであり、憲法は人間の業のようなものが生み出したと言えますでしょうか。」という質問を受けましたが、答えは、まさに、イエスです。

ライオンの檻

このように、「立憲主義」とは、憲法を制定して権力者を抑えるためのものであり、憲法はライオンを閉じ込める檻の役割をしています。次頁の新聞記事（図表1）は、二〇〇五年四月に衆議院

図表１　ライオンの檻

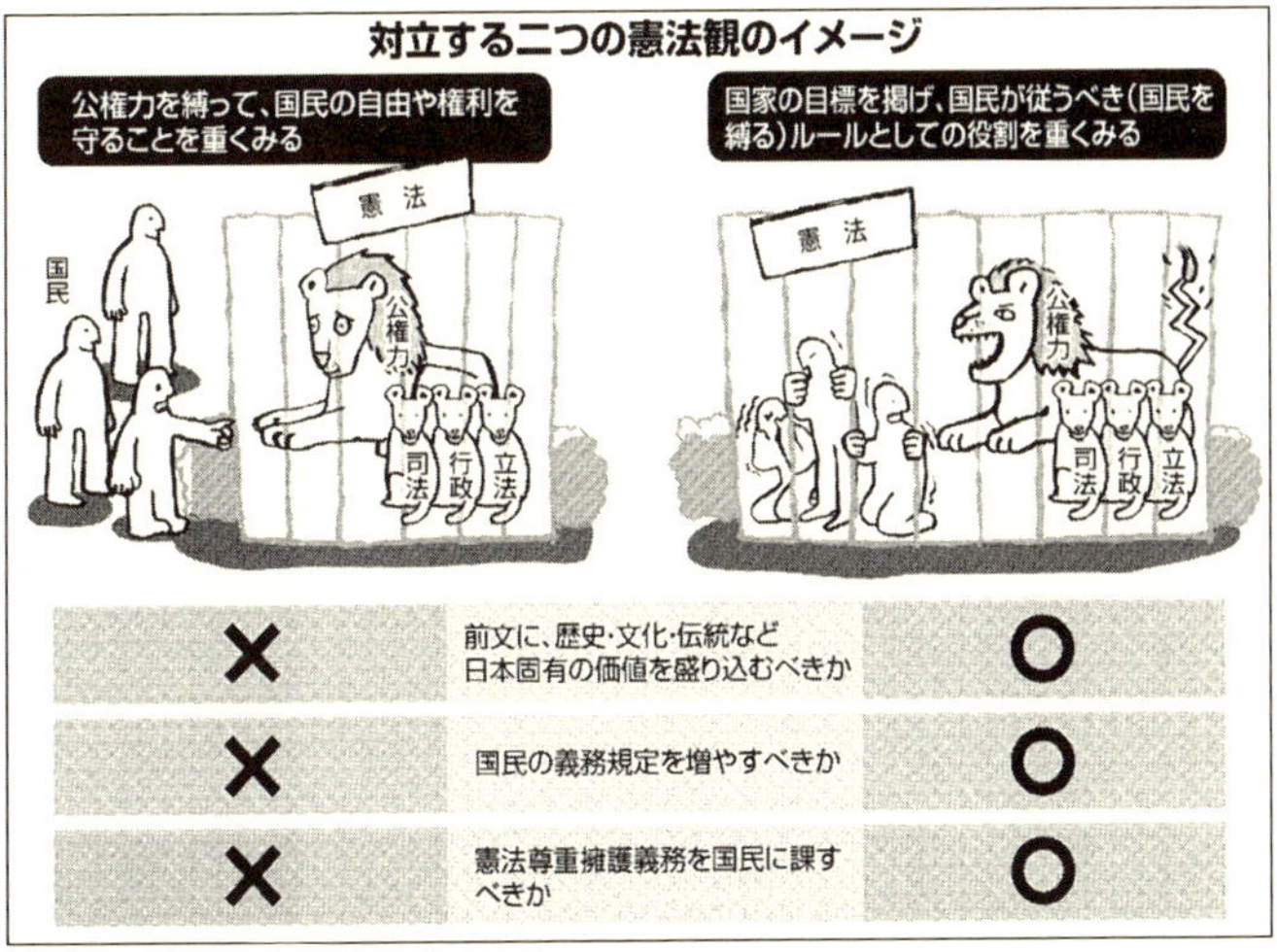

（出典）　朝日新聞（東京版）2005年４月29日朝刊。

と参議院の憲法調査会の報告書が出されたとき、朝日新聞朝刊（四月二九日）に掲載されたものですが、左の図では、よくみるとライオンが檻のなかでおとなしくしています。

二つの檻のうち、この左の檻は、もちろん権力を縛るものとしての憲法であり、「公権力を縛って、国民の自由や権利を守ることを重くみる」ものです。ここでは、個人が中心で、国家が国民を守るという構図があり、檻のなかにいる雌ライオン（立法・行政・司法の国家機関）が一緒に檻のなかに入って、国民がこれらを監視しています。国民主権に立脚した民主主義的国家観（X）とでも名付けておきます。

ところが、檻に入れられた権力者はこれを嫌って好きなように憲法を改正できるように試みるのが常です。二〇〇〇年から憲法調査会で検討されたときも、国民が権力者を監視するのではなく、国民と共同して憲法を作ろう、という言い方がされました。

そこで（前頁図表1のなかの）右の図のように、国民とライオンが一緒に檻のなかに入っている構図が考えられたのですが、結局は、国民は震えています。国民と共同して、とか、国民が国民投票で決めやすいように、などという美名のもとに、立憲主義や硬性憲法の本質が切り崩されようとしているのが、こんにちの状況だと考えています。ここでは、憲法は国家を縛るものではなく、「国家の目標を掲げ、国民が従うべき、国民を縛るルールとしての役割を重くみる」ものと説明されています。これは国家主義的憲法観（Y）によっており、国家が中心で国民が国を守る、という形になっているのです。当時は、「近代立憲主義から一歩踏み出し、憲法を再構築したい」、「新しい時代の権利関係、人権関係を考える果敢な試みを行う時期が来た」と論じられ、新しい憲法像のようなものとして、紹介されました。国家と国民が対立するのではなく、一見、一緒になって、国家を建設してゆくというイメージで語られ、何か新しい共同体的な憲法観を示しているようにみえます。

しかし、立憲主義とは、憲法とは何だったのかをもう一度よく考える必要があります。憲法を作って、国家を縛るものが立憲主義であり、憲法は、国民がたえず国家を縛るために、ライオンを制御するために作りあげた檻なのです。

それなのに、檻のなかにライオンと一緒に国民が入ってどうしようというのでしょうか。この右の絵でも、結局は檻のなかで国民が震えている……。このように、一見して新しい「協働型」憲法観（Z）が望ましいようにみえながら、実際には、このような憲法観が、近代立憲主義や憲法の本質を隠してしまい、国民を欺く結果になっていることを、しっかりみておかなければなりません。

二つの立憲主義

そこで「二つの立憲主義」の違いを思い出しておきます。立憲主義には、近代立憲主義（Ａ）と外見的立憲主義（Ｂ）の対抗があります。

実際、日本国憲法では、憲法によって国家権力を制約する近代立憲主義（Ａ）を採用し、その特徴としての、国民主権、権力分立、人権保障を掲げているのですが、これに対して、プロイセン憲法に基づいて成立した明治憲法では、憲法によって天皇の権力を制限するという制限君主制の構造は外見的に存在するだけで、実際には、これと異なる天皇主権等の原理しか持っていなかったのです。このような立憲主義は、外見的立憲主義（Ｂ）と呼ばれます。

このように、立憲主義にも二つありますので、Ｂの外見的立憲主義のような立憲主義を念頭に置いて、憲法が権力者を縛る檻であると考えない立場だと、あたかも、憲法の内容や解釈をも自由に変えていいのだと思いがちです。

明治憲法下では美濃部達吉ら「立憲学派」が国家法人説（天皇機関説）に基づいて憲法による天皇主権の制限（立憲君主制）を主張しました。日本国憲法では、Ａの近代立憲主義が原則となるため、現行憲法下で立憲主義といえば、近代立憲主義のことを指します。

ところが、昨今では、政治家のなかで「立憲主義を知らない」という言説がとび出して物議をかもしました。例えば、安倍首相自身、二〇一四年二月一二日の衆議院予算委員会で「[憲法は]国家権力を縛るものだという考え方があるが、それはかつて王権が絶対権力を持っていた時代の主流的考え方」だとして「政府の最高責任者は私だ」と述べました。同月一三日の東京新聞朝刊が、「首相、立憲主義を否定」の見出しを付けたこともあって、首相の「立憲主義」に対する考えが改めて注目されたわけです。また、首相補佐官で自民党の憲法起草委員会の事務局長であった磯崎議員が「立憲主義なんていう考え方は聞いたことがない」とツイートして問題になりました。東大法学部で芦部信喜教授の憲法の講義を聴いた人物が立憲主義を知らなかったということはあり得ないことで、立憲主義を知らない人が憲法案を起草するなど、もってのほかでしょう。

日本国憲法が採用しているのは、中世の立憲君主制の考え方ではなく、国民主権、権力分立や基本的人権保障を要素とした近代立憲主義（A）のほうです。日本国憲法の制定過程で、外見的立憲主義（B）の憲法であった明治憲法（大日本帝国憲法）の基本原理（天皇主権、権力集中、基本的人権の否定）を完全に否定したはずであるにもかかわらず、明治憲法七三条の改正手続きに基づいて、近代立憲主義の憲法である日本国憲法を制定したという、ねじれた関係が存在していました。さらにそのうえに、マッカーサー草案にしたがって、原案が作成されたために、特殊日本的な問題が生じてしまいました。

3　憲法制定過程の特徴――「押し付け憲法」論の真偽

日本国憲法は、外見的立憲主義（B）の憲法である大日本帝国憲法の「改正」という形態をとりつつ、これとまったく異なる内容をもって成立したのですが、内容的には、日本国憲法は、その基本原理からみれば、近代立憲主義（A）の系譜に属し、近代憲法原理を具備するとともに二〇世紀的な現代型人権規定を併有し、資本主義型の現代憲法の特徴を備えています。

フランス憲法やアメリカ憲法などと異なり、日本では市民革命が先行せず、国民や政権担当者の意識変革が存在しない形で占領軍総司令部の意向に沿って日本国憲法が成立したため、戦後の改憲論の主張のなかに総司令部の押し付けによる憲法であるという「押し付け憲法」論が強固に存在しました。

一九四六年の「押し付け」と世論

一九四六年二月三日にマッカーサー三原則が出され、翌日から一三日までの九日間でマッカーサー草案（総司令部案）が起草され、これが当時の政府に対して提示された過程をみると、当時の政府に対する「押し付け」は存在したようにみえます。同年三月二二日の閣議で「沈痛な空気のうちに」総司令部案に沿うことが決定されたことや、三月一五日の閣議で「天子様を捨てるか、という事態に直面して」「すべてのものを犠牲にしても」天子様の安泰を図ることが決められた事情などを資料（憲法調査会『憲法制定の経緯に関する小委員会報告書』一九六四年、三六八頁、四一五頁等）でみれば、天皇制存続のために、人権や平和主義などをやむを得ず受け入れた経緯が明らかです。

この点からは、確かに当時の権力者にとっては「押し付け」であったとしても、革命などの体制変革後に憲法が制定されるときは、憲法は、すべからく権力者にとっては「押し付け」の産物であり、特別のことではない（フランスなど諸国でも同じ）ということができます。これが日本の「押し付け憲法」論への第一の反論（反論1）になるでしょう。このような憲法の特質からすれば、当時の政権与党はたしかに「押し付け」の被害者だったとしても、多くの国民は、新憲法の平和主義、表現の自由や社会権などの恩恵を受けて戦後を生きてきたのであり、主権者国民の利益がたえず改憲を主張する政党の利益と一致してきたわけではありません。国民のほうでは、マッカーサーや戦勝国に押しつけられたからこの憲法は無効であるとか、その理由から早期改正を望むという意見は(一部の保守政治家等を除いて)多数ではないと思われます。国民よりも国家の視点を重視する政府や政党には、この点についての理解(想像力)が欠けていたのではないでしょうか。

また、第二の反論(反論2)は、憲法で主権者とされた国民にとっては、押し付けられてよかったというものです。実際、一九四六年四月一七日に公表された「憲法改正草案」に対する国民の好意的な反応からは、当時の政府与党草案よりは良い憲法だったために主権者国民がこれを受け入れたと解することが妥当でしょう。この証明に使われるのが、一九四六年の毎日新聞アンケートです。同年五月二七日に毎日新聞によって実施されたアンケート(二〇〇〇人の有識者対象)の結果では、象徴天皇制に賛成するものが八五%、戦争放棄に賛成するものが七〇%でした。また、天皇制廃止への賛成が一一%にすぎなかった点からも、象徴天皇制と平和主義という新憲法の原理に対して、大多数の国民が共鳴していたと解することができます(辻村編著『最新　憲法資料集』四五頁参照)。

西欧諸国のように近代市民革命の経験を持たず、その成果として憲法を制定するという過程を経なかったために、日本国民の多くは憲法の基本原理の法的意味や歴史的意味を十分理解する段階まで到達していなかったといえます。にもかかわらず、多くの国民が新憲法を歓迎したことは、「押し付け憲法」論に対する反論の根拠になりうる要点として、注目しておく必要があります。

憲法研究会案と自由民権運動

第三の反論（反論３）は、すべてが押し付けでなく、重要部分は日本独自のものであり、日本で育ってきた自由民権運動と憲法研究会案を受けついでいる、まさに日本の歴史と伝統を踏まえている、というものです。これは新しい論点です。

実際に、総司令部案の起草過程で参照された鈴木安蔵らの「憲法研究会案」の存在やその影響力が明らかにされています。この「憲法研究会案」は一九四五年一二月二七日に公表されたのですが、それ以前の一二月初旬に民政局のラウエルからの同研究会の高柳会長への書簡に基づいて、草案の内容や英訳が総司令部に提出されており、ラウエルが翌一九四六年一月一一日に提出した覚書には、この研究会案を評価する内容が列挙されていました。また、後日完成された総司令部案にも、ここで列挙された項目の大部分が含まれていたことが明らかになっています（憲法調査会『憲法制定の経緯に関する小委員会報告書』三二一頁）。

さらに、憲法研究会案の背景に伏流していた自由民権期の私擬憲法草案との関連なども検討されるようになってきました。研究会の中心的役割を担った鈴木安蔵が自由民権期の憲法思想の研究をもとに憲法研究会案を起草したことも知られています。日本の自由民権運動に対するフランス人権宣言の影響や近代憲法原理の継受をめぐる憲法史的研究からも、フランスなど西欧の近代憲法を淵源とする日本憲法史の系譜を認めることが可能であり、これは私が一九九二年に上梓した『人権の普遍性と歴史性』（創文社）という本で明らかにしたところです。

憲法研究会草案は、「日本国ノ統治権ハ日本国民ヨリ発ス」として国民主権の立場を明らかにし、

図表２　日本国憲法制定の系譜

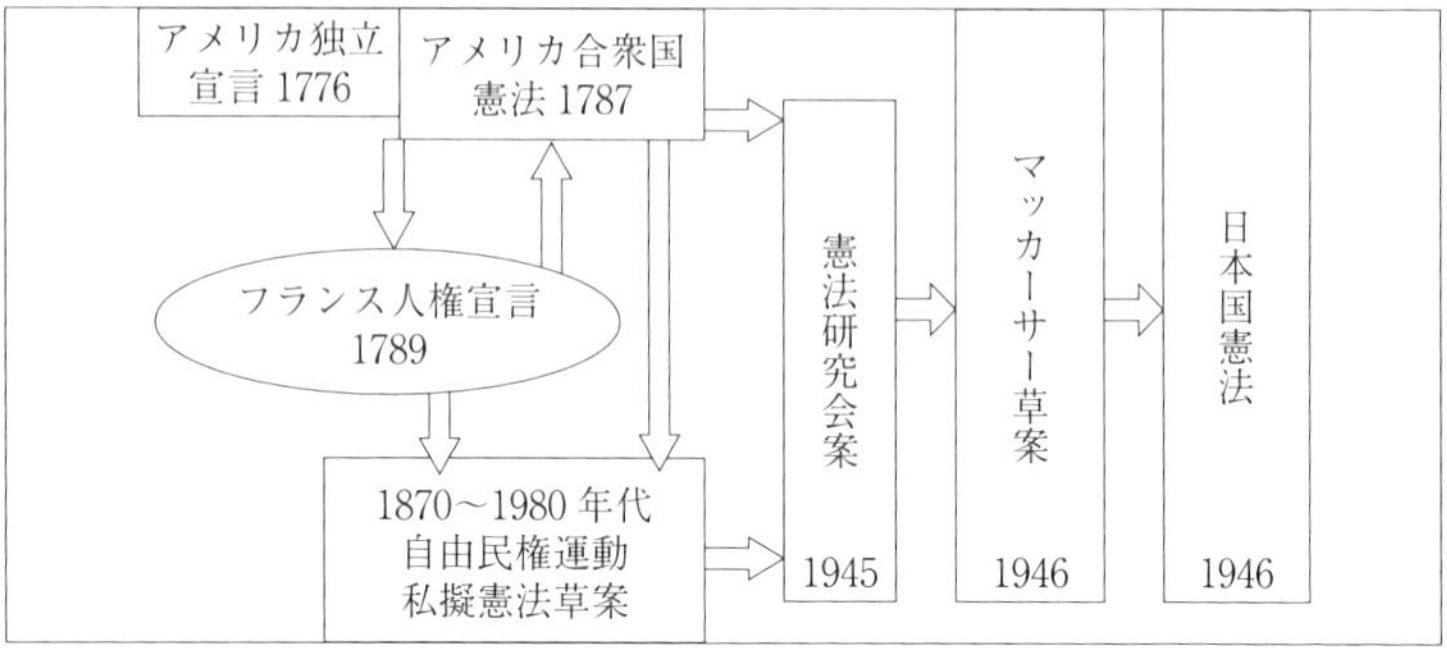

（出典）　辻村『人権の普遍性と歴史性』266頁参照。

「天皇ハ国民ノ委任ニヨリ専ラ国家的儀式ヲ司ル」として妥協的に天皇制を存続させていた点で、総司令部案に類似していました。基本的人権の規定についても、社会権を保障し、財産権の公的制限に言及するなど現憲法に近い内容となっていました（ただしこの草案に採用されていた一院制や比例代表制などは、総司令部案には採り入れられていません）。

日本国憲法の歴史的意義とは

憲法史的にみれば、「押し付け」よりもむしろ、明治時代の自由民権運動が築いた新たな民主的憲法思想が、鈴木安蔵らの憲法研究会案に結実して、ラウエル文書からマッカーサー草案に伝わり、日本国憲法のなかに取り入れられた、という歴史的事実こそが重要となります。さらに今日では、マッカーサー草案が憲法研究会案を参考にしたことだけでなく、その源泉となった自由民権期の思想が、フランス人権宣言やアメリカ独立宣言等に示された憲法思想の影響を受けて形成されたことが実証的に明らかにされています。このようにみると、日本の憲法思想は近代立憲主義の嫡流にあることが認められ、これに対抗する外見的立憲主義や天皇を頂点とする家族国家論などが、当然に日本の伝統であると解することはできないことになるでしょう。

フランス人権宣言と日本

フランス人権宣言の日本への紹介過程を見ると、一八七〇年代からの自由民権運動のなかで、西欧の人権宣言の影響を受けた天賦人権論が展開されました。植木枝盛が起草した「東洋大日本國國憲按（日本國國憲按）」（一八八一年）や立志社の「日本憲法見込案」（一八八一年）など民間の私擬憲法草案が数多く作成され、アメリカ・イギリスの自由権論やフランス憲法の影響が認められました。フランス人権宣言についても、当時通訳として雇われていたジブスケ Du Bousquet の口訳がジブスケ口譯生田精筆録『佛蘭西憲法』（一八七六年）として刊行されています。当時は、中江兆民がフランスの一七九三年人権宣言（「政理叢談」第一号、一八八二年）やJ.＝J.ルソーの『社会契約論』を翻訳していた（『民約論（民約訳解）』一八八二年）ために、フランス革命期の人権思想や民主主義の思想が日本の農村などにも定着してゆきます（原文は、辻村『人権の普遍性と歴史性』二四七頁以下参照）。

自由民権運動の時期に起草された植木枝盛の草案には、フランス人権宣言のほか一七九三年の宣言にあった蜂起権（抵抗権）なども取り入れられていました。また、一九六八年に五日市の深澤家の土蔵で発見され、五日市憲法草案と呼ばれるようになった千葉卓三郎らの「五日市草案」は、二〇四カ条からなるすぐれた民衆憲法であり、フランス人権宣言第一七条の所有権規定などの影響が窺えます（原文は、辻村前掲『人権の普遍性と歴史性』三〇五頁以下）。

ところが明治政府は、集会・政社条例等で自由民権運動を弾圧して、一八八九年を期して国会を開設する旨の詔書を発しました。そして同年にプロイセン・ドイツの憲法思想をもとに大日本帝国憲法が発布されました。

フランス人権宣言とグージュの女性の権利宣言

さきに検討した反論2は、「押し付けられてよかった」というものですが、その内容の重要部分は、憲法一三条、一四条の、人権や男女平等、平和主義にあると思います。そこで少し話がそれますが、フランス人権宣言についてみておきます。

フランス人権宣言ではすべての人と市民の権利が保障され、人権の「普遍性」と「全体性」が特徴となっていました。「すべての人」のなかには女性や当然含まれているはずでしたが、当時の議会では女性の権利のことは念頭になく、フランス革命期の法制上も、所有権など女性の権利は大きく制限されていました。このため、オランプ・ドゥ・グージュ（一七四八―一七九三）が女性の権利宣言を執筆して批判しました（グージュの伝記を翻訳出版していますので、辻村監訳『オランプ・ドゥ・グージュ――フランス革命と女性の権利宣言』をご参照ください）。

フランス革命が一七八九年に始まった後、一七九一年に「女性（femme）および女性市民（citoyenne）の権利宣言」を著したオランプ・ドゥ・グージュは、一七八九年の「人権宣言」が、女性の諸権利を保障してないことを最初に批判したことで有名です。グージュのこの宣言は、一七八九年の「人権宣言」を模して一七カ条からなり、各条文の権利主体を、女性・女性市民あるいは両性に変更する形で構成されていました。王妃マリー・アントワネットへの呼びかけではじまり、宣言の前後に、前文と後書きが付されていました。宣言第一条前段は、「女性は自由なものとして生まれ、かつ、権利において男性と平等なものとして生存する」と規定し、第二条で、「あらゆる政治的結合の目的」として保障される諸権利（自由・所有・安全・圧政に対する抵抗）を「男性と女性の自然的権利」と明記していました。自由の定義に関する第四条は、「女性の自然的諸権利の行使は、男性が女性に対して加える絶えざる暴虐以外の限界を持たない。その限界は、自然と理性の法によって修正されなければならない」とされ、従来の女性の権利の侵害が男性の暴虐によるものであるという認識が表明されていました。精神的自由に関する第一〇―一一条では、「女性は、処刑台にのぼる権利を持つ。同時に女性は、……演壇にのぼる権利を持たなければならない」、「思想および意見の自由な伝達は、女性の最も貴重な権利の一つである。それは、この自由が、子どもと父親の嫡出関係を確保するからである」という文言は有名です。後者の、子の父親を明らかにする権利については、婚外子とその母親たる女性の法的救済を要求し、ひいては性の自由の保障を要求するものとして注目されます。さらに、第一七条は「財産は、結婚していると否とにかかわらず、両性に属する。財産権は、そのいずれにとっても、不可侵かつ神聖な権利である」として、両性の所有権を保障しました。これは、いうまでもなく、婚姻中の妻の財産、および婚姻していない女性（寡婦など）の財産を保障し、女性の経済的独立を目指すとともに、夫婦財産制度の改善を要求する立場に立っています。このことは、グージュが、「男女の社会契約の形式」と題するパンフレットのなかで、夫婦財産の共有を基調とする夫婦財産契約の締結を主張していることにも示されます。

一方、女性市民の権利については、第六条で「すべての女性市民と男性市民は、みずから、または、その代表者によって法律の形成に参加する権利を持つ」と定めたほか、男女平等な公職就任権、租税負担の平等、公吏に対する報告請求権などを要求しました。さらに「人権宣言」で「権利の保障が確保されず、権力の分立が定められてないすべての社会は、憲法を持たない」と定められた第一六条では、「国民を構成する諸個人の多数が憲法の制定に協力しなかった場合は、その憲法は無効である」という一文を追加して、民主的な憲法制定参加手続きを要請しました。ここには、グージュの宣言が、当時の革命指導者が制定した「人権宣言」を超える内容を持っていたことが示されていたのです。しかし彼女は、皮肉にも、反革命の容疑で一七九三年一一月に処刑台の露と消えました。

GHQの作業とベアテ草案

そのグージュと直接に関係するわけではありませんが、マッカーサー草案の人権規定を起草したベアテ・シロタ・ゴードンに触れておきましょう。彼女は、女性の権利についての歴史をすでに学んでおり、日本国憲法一四条にも、まよわず性差別禁止を起草しました。

ベアテ・シロタ・ゴードンは、東京音楽学校（現・東京芸大）教授でピアニストのレオ・シロタの娘として日本に約一〇年住んだ後、第二次世界大戦後の一九四五年一二月二四日に再来日して、翌年二月にＧＨＱの民政局職員として日本国憲法の草案づくりに参画し、平等に関する一四条や、家族に関する二四条などの原案を執筆しました。

その後はジャパン・ソサエティなどでアジアとの文化交流事業に携わり、憲法起草の議論について約五〇年間の沈黙をやぶったのち、日本でも精力的に講演などを行いました。一九九三年五月にケイディス氏と一緒に再来日し、日本の憲法制定過程のことを最初に日本で公表したとき、憲法学者たちとの研究会で、私もお会いしました（テレビ・ドキュメンタリー用に収録された映像がビデオとして残されています）。二〇一二年一二月三〇日に亡くなられましたが（追悼の対談として、辻村・古関「ベアテ・シロタ・ゴードンさんを偲んで」参照）、私が最後にお会いしたのは、二〇〇九年三月二一日にパリ日本文化会館で、「シロタ家の二〇世紀」という映画鑑賞会が開かれたときです。いとこの娘、アリーヌ氏やお孫さんたちと、ニューヨークからこられて講演をして下さいました。

これまで何度か、ベアテさんの講演を伺いましたが、彼女が二〇〇〇年五月二日、参議院憲法調査会でも証言されたことは重要です。一九四六年二月四日からの草案作成作業を一緒にした当時の人権小委員会は、ロウスト氏、ワイルズ博士、ベアテ・シロタ氏で構成され、運営委員会は、ケイディス大佐、ハッシー氏、ラウエル大佐によって構成されていました。「当時二二歳の若い女性が憲法制定にかかわったことが日本の改憲勢力を勢い付かせることになる」、という点を大変危惧され、これまで五〇年近く、家族にも話さなかったとのことです。ベアテ草案には、妊婦および幼児を持つ母親に対する国の保護、婚外子（非嫡出子）に対する法的差別の禁止と婚外子の権利の保障、長男の権利の廃止、子どもに対する医療の無償などたくさんの規定がありました。それが採用されていれば、日本でも大きな意味を持ったはずですが、実際には、一四条、二四条に関する規定のほかは多くが削除されました。講演などのなかで、「（削除されたことが悲しくて）私は泣きました」といわれていましたが、憲法の本質や憲法史の流れをみる限りでは、当時、これらが、すべて憲法のなかに書かれることは難しかったでしょう。そして、削除の理由として、運営委員会のケイディス大佐には、「法を通して、他の国に新しい型の社会思想を押し付けることはできない」という考えから、社会立法などの詳細は日本政府に委ねるべきだという判断があったことを明らかにされました。これらは、今日の「押し付け憲法」論に照らして、忘れてはならない点だと思います。いずれにしても、明治憲法とはまったく異なる、女性や子どもの権利、母性保護などを重視した草案ができたことは、非常に重要なことでした。

すなわち、ベアテ草案の持つ比較憲法的意義についてみますと、その特徴は、先見性にあるといえます。実際、第二次世界大戦後には、日本の一九四六年憲法とほぼ同時期に、フランスの第四共和制憲法（一九四六年）、イタリア共和国憲法（一九四七年）が制定されて男女平等や社会権の規定が導入されます。一九四八年の世界人権宣言でも、家族形成権や保護を受ける権利などが定められるようになりますが、ベアテ草案作成時には、まだこれらはできていません。

ベアテは、これらに先立って、一九一九年のワイマール憲法や北欧諸国の法律などを参考に、平等や家族についての規定を起草しました。社会権を導入した現代憲法の体系を持ち、さらに、男女平等や家族の保護などを明記した点で、時代を先取りする内容であったことがわかります。戦前からの婚姻における女性の権利の無視や強制という日本の現実を知ったうえで、これを正そうという、強い熱意が感じられます。まさに女性や子どもの権利に注目した内容で、時代を先取りする、画期的な条文でした。彼女は、「押し付け、押し付けという人がいるけれど、アメリカよりもいい憲法を作ったのに。人は他人に、自分のものよりもいいものを、押し付けるわけはないでしょう」と、よく発言されていました。

戦後の改憲論

当時の日本の政府や権力者たちが押し付けられたのは事実ですから、「押し付け憲法」論が、でてくることはわかりますが、いずれも手続論ばかりです。戦勝国が敗戦国に押し付けた憲法を、占領が終わったときに廃棄すべきだった、という「憲法無効論」や「憲法廃棄論」が主なものでしたが、実際には、極東委員会が、日本国民による自主的な再検討の機会を保障するために施行後二年以内の「見直し」を促した際にも、日本政府はこれを拒み修正の意思なしと言明したことは忘れてはならない事実です。これが、「押し付け憲法」論への第四の反論（反論４）です。

すなわち、極東委員会では、「新憲法が真に日本国民の自由に表明した意思の表明によるものであることを確認するために、日本国民に対し、その再検討の機会を与えるべきである」という見解が支配的となり、一九四六年一〇月一七日、「日本の新憲法の再検討に関する規定」と題する政策決定を行いました。その要点は、「新憲法が効力を発生した後において、日本国民がその運用の経験に鑑みてそれを再考究する機会を持ちうるために、……委員会は、日本国民の自由の意思の表現であるか否かを決定するにあたつて、憲法に関する日本の意向を確認するためにレフェレンダム又はその他適切な手続きを要求することができる」というものでした（憲法調査会『憲法制定の経緯に関する小委員会報告書』五九〇頁)。

このように、一年以降二年以内に国民投票等を実施するという決定は、極東委員会のアメリカ代表によっても承認され、一九四七年一月三日に吉田首相宛のマッカーサー書簡で日本政府にも伝えられました。さらに同年三月末の新聞で日本国内外に公表され、一九四八年にも重ねて日本政府に示唆されましたが、「日本側としては別段これについての積極的措置を取ることなくして終わつた」(同五九一頁)のです。すなわち、日本政府では、憲法施行後一年を経た一九四八年六月二〇日に、当時の芦田内閣から衆議院議長に「憲法改正の要否の審査」を依頼しましたが、その実施は見送られました。また施行二年の期限が近付いた一九四九年四月二八日には、吉田首相は、衆議院外交委員会において、「政府においては、憲法改正の意思は目下のところ持っておりません」と答弁し、憲法改正問題を葬り去ったことが知られています(古関『日本国憲法の誕生』三七五頁)。これによって、極東委員会は同日、日本国憲法の修正に関して新たな指令を発しないことを決定したのです。「押し付け憲法」論といわれる割には、これらの事実は明らかにされていません。また、一九五一年調印(五二年発効)のサンフランシスコ条約のあとの選挙(五六年参議院選挙)で、憲法改正が選挙の争点になりましたが、国会の三分の二の賛成が得られなかったという事実があります。そのときは、国民が、今の憲法を選択した、という経緯があります。

これらの事実からすれば、「押し付け憲法」だから自主憲法を制定すべきとか、憲法改正を早急に行うべきという議論は、根拠が薄弱であることはすでに明らかになったでしょう。

戦後の改憲論の歴史をみると、国会で与党などの改憲勢力が三分の二を取れるようになると「明文改憲」論が強まり、保革伯仲といわれた一九七〇年代や、「自社さ（自民党・社民党・新党さきがけ）政権」になった一九九〇年代などは、明文改憲論が下火になって「解釈改憲」が行われました。二〇〇〇年代からまた明文改憲論が強まりました（この過程は、第2章で検討します）。

4　憲法改正手続と国民投票の陥穽

ここで、もう一度、近代立憲主義について確認しておきたいと思います。すでにみたように、もともと権力者の権力濫用を抑えるために憲法を制定するという考え方を意味する立憲主義のうち、国民主権・権力分立・人権保障の三原則を基調とする憲法を「近代立憲的意味の憲法」と称するようになり、日本国憲法もこの考え方に立っています。フランス人権宣言一六条にしたがって、立憲主義を「権利保障と権力分立によって権力を制限しようとする原理」と説明することもあります。

人権の保障は、日本国憲法の三大基本原則（基本的人権の尊重、国民主権、平和主義）の中心的位置を占めます。日本国憲法のみならず近代立憲主義の憲法では、人権を守るために国家があり、国民主権の原則に従って、人権保障のために主権者国民が主人公になって政治を行う、という構造が成立しているのです。

このことをあえて指摘するのは、国家は人権保障のために存在しており、憲法の国民主権や権力分立も、憲法改正に国民投票が必要になるのも、すべて、人権保障などの目的を実現するためだからです。したがって、人権保障という究極目標を明らかにすることなく、何でもいいから憲法改正を一度やってみよう、という考え方は本末転倒であるということです。

憲法九六条

さらに、これまで憲法改正が実現されてこなかったのは、決して日本国憲法九六条が厳しすぎたからではなく、戦後の保守政党の長期単独政権のもとで確立されてきた「政治の論理」が、国民の意識や生活とかけ離れていたからではないでしょうか。まず、改正手続の国際比較の点では、「日本だけ憲法改正手続きが厳しすぎる、九六条のハードルが高すぎる。また、このために改正ができなかったために国会発議の要件を三分の二から、二分の一（過半数）にすべきだ」ということが、国会議員だけでなく、総理大臣の口からも、声高に叫ばれてきました。しかし、比較憲法の研究結果からは、この主張が妥当ではないことは明らかです（辻村『比較のなかの改憲論』一二五頁以下、本書三〇頁参照）。

日本の憲法改正手続

憲法改正手続を一般の法改正よりも厳格にすることで憲法保障を高めようとする憲法を「硬性憲法（rigid constitution）」、一般の法改正と同程度の改正要件を定めるものを「軟性憲法」ということはすでにみましたが、世界の殆どの国では硬性憲法の手法を採用し、厳しさを競っているといっても過言ではありません。

日本の場合も、国会の三分の二の賛成で発議し、選挙時に実施される国民投票の過半数で決せられることが定められていますが、この経緯を遡ると、マッカーサー草案の第一次案では、一〇年間の改正禁止とその後一〇年ごとの改憲のための特別国会の召集、改正案は国会議員の三分の二で発議し国会の四分の三の賛成で成立するという厳しい原案が提示されていました。

しかし、ケイディスらの運営委員会で一〇年ごとの再検討の規定を削除することが決まり、第二次案では、国会の四分の三の議決（この場合には原則として国民投票不要）、もしくは、人権条項に関する場合には国民投票により三分の二以上で賛成、という厳しい要件が課せられました。その後、一九四六年二月一三日の総司令部案では、「各議院の総議員の三分の二以上の発議と国民投票の過半数による賛成」のように緩和されたことが知られています（国立国会図書館『憲法の改正』二〇〇五年、二頁以下参照）。

このように、より厳しい要件から緩和して「三分の二」に決定されたものであり、大日本帝国憲法での特別多数の規定が「三分の二」であったことからしても、今日の自民党草案のような「過半数」という緩やかな基準はもともと存在しなかったことがわかります。

さらに、民政局のメンバーが「三分の二の発議と国民投票の過半数」という基準を設定した際に、全般的に参考にされたことが判明している憲法研究会案や一九一九年のワイマール憲法の影響があったことも推測されます。とくに後者では、「ライヒ（州）議会の三分の二と、参議院の三分の二の賛成」さらに、「国民請願に基づいて国民投票によって改正が行われる場合には、国民投票で有権者の過半数」を求めていました（第七六条）。この規定がマッカーサー草案第八九条に非常に近いものであったことは記憶しておいてよいでしょう。上記のような起草作業段階の議論については、この条項を担当したリチャード・A・プール氏の述懐なども公表されています（西修『憲法改正の論点』文藝春秋、二〇一三年、二四六頁参照）。

諸外国の憲法改正

たしかに、現行憲法について、二〇一七年一月までに、ドイツでは六〇回、フランスでは二四回（第二次大戦後では二七回）、アメリカでは（二七回中）戦後だけで六回など、諸外国では何度も憲法改正している国が多いのは事実です（詳細は、初宿・辻村編『新解説 世界憲法集（第四版）』一三二頁、二八三頁参照）。しかし、各国で事情が異なりますので、数だけで単純に比較はできません。ドイツでは東西統一、フランスでも欧州統合などの重大な国家構造の変更がありましたし、連邦国家と単一国家の違いによっても改正内容が異なります。

例えば、アメリカでも上下両院の三分の二の賛成で発議し、全州の四分の三以上の州議会の承認が要件とされています。国民投票がない点で日本と異なりますが、日本では国民投票は過半数の承認で足りるため、アメリカの四分の三州の要件のほうが、場合によっては厳しいともいえます（ちなみに、アメリカ合衆国憲法五条前段では「連邦議会は、両議院の三分の二が必要と認めるときは、この憲法の修正を発議する。または各州の三分の二の議会の要請があるときは、修正発議を目的とする憲法会議を召集しなければならない。いずれの場合にも、憲法修正は、各州の四分の三の州議会によって承認されるか、あるいはその四分の三州の憲法会議によって採択された場合には、あらゆる意味において完全に、この憲法の一部として効力を有する。」となっています）。

諸国の憲法改正手続、国会の発議要件

国民投票や特別の議会招集などとの組み合わせ方によって制度は異なりますが、いずれも、議会の発案に関する議決の要件を、二分の一ではなく、四分の三、三分の二、五分の三などと比率を上げて厳しい手続にしている国が多数です。国会図書館の調査では、議会の議決要件を厳しくしている国として、延べ約一二五カ国が列挙されています（重複あり）。

しかも、比率について、①四分の三とする国には、フィリピン（＋必要的国民投票）、モンゴル（＋任意的国民投票）、ブルガリア・台湾（＋憲法会議）、シリア、ロシア、南アフリカなど七カ国以上があります。

とくにフィリピン憲法（一九八七年制定）は、両議員の総議員の四分の三の発議と必要的国民投票と組み合わせているため大変厳しい手続です。

またスペインでは、憲法の全面改正または重要事項について改正する場合は、両議院の各議院の三分の二の賛成後、議会を解散して、再度、新議会の両議院の総議員の三分の二で改正を発議し、国民投票に付して決定する必要があるとされています。

オランダやベルギー、デンマークなどでは、国会が改正案を発議した場合には、解散総選挙が行われ、総選挙後の新国会で改めて再議決したり、国民投票に付したりしており、解散総選挙を介在させることで一層議論を慎重にする手続をとっています。

このように、硬性憲法の意義・目的からすれば、日本のように三分の二の議決を必要とする要件は、決して不当なものではなく、三分の二の要件を過半数に緩和すべきという改正案は必然的では

ありません。例えば、三分の二を五分の三にしたり、スペインのように、憲法規定の内容に即して厳格度を変えたりすることも可能ですので、「三分の二が厳しすぎるから、過半数」という議論が説得力に乏しいことは明らかです。

国民投票の陥穽？

さらに、「現在の九六条の要件を過半数に緩和して国民投票をしやすくすることは、国民主権の実現にとってよいことだ」という説明がされますが、過半数の発議要件にすると、政権交代によって改憲の発案が極めて容易にできることになります。さらに、国民投票が、世論を誘導して独裁権力のために利用されてきた「プレビシット」（独裁者等が権力の正当化のために利用する国民投票）として活用される危険も高まります。

二〇〇五年の衆議院法制局の調査では、一〇一カ国中五一カ国で憲法改正国民投票が実施されていますが、最低投票率の制度を導入して投票率が五〇％以上でないと成立しないとしている国には韓国やロシアがあります。法的拘束力なし、としている国にはポーランド等があります。実際に、憲法改正の国民投票では投票率が低くなる傾向があり、スイスでも、最低は二七・八％（二〇〇六年、教育制度の全国統一）でした。フランスでも、二〇〇〇年憲法改正時には三〇・二％まで下がり、無効票・白票が多かったため、実質的には有権者の一八・五％の賛成で憲法改正が実現したという実態がありました。

このように、九六条の改正には、まだまだ手続論として議論すべき問題がたくさん残っています

ています。

ので、拙速は避けなければなりません。発議の方法や、投票率だけをとってみても、課題が残っています。

憲法改正の発議方法

憲法改正原案の発議方法については、二〇〇七年制定の国民投票法（「憲法改正の手続に関する法律」）では、国会法の改正によって定めることとされました。国会法六八条の二では、①発議に必要な人数を衆議院議員一〇〇人以上、参議院議員五〇人以上とし、②六八条の三では、「前条の憲法改正原案の発議にあたっては、内容において関連する事項ごとに区分して行う」ことが定められています。これは、例えば憲法九条の改正と環境権規定の創設などの異なる事項を一括して投票に付することは好ましくないという配慮によるものですが、実際に発議がどのように行われるかは不明です。仮に、提案自体が憲法の全面改正であった場合は、この規定のもとでも一括投票が行われることになり、九条の改正を目立たなくすることが可能となりうるでしょう。

このほか、国会審議の際に問題になった重要な論点に、最低投票率の設定問題があります。とくに有効投票を基準とする場合には、最低投票率の定めがないと極度に低い賛成比率で憲法改正が実現する危険があるため、附帯決議のなかで、これについて施行までに検討することが確認されました。このように上記の「国民投票法」には多くの問題点があるため、今後十分な議論と検討を尽くすべきです。

とくに昨今の改憲論では、国民主権原理を重視して国民投票を多用することに意味があるという議論が強調されていますが、すでにみたように、国民投票の運用次第では、前述（本書三二頁）の「プレビシット」として機能する危険が付きまとっています。さらに、発議の仕方や広報活動の仕方によって世論操作が容易に行われる危険があります。国会法改正による「抱き合わせ発案」の提案も、あながち杞憂ではないでしょう。

仮に、国会議員の過半数による改憲の発案が可能になれば、国会議員の多数意見によってたえず憲法改正が実施されうることになり、硬性憲法としての本質が担保されないことになります。そして何より、硬性憲法では、憲法そのものを保障することを目的とするだけでなく、究極的には憲法に基づく政治（立憲主義）を守ることで「憲法による人権保障」を実現することに主眼がある点が、無になってしまうでしょう。国民主権原理が人権保障のための手段であり、主権者の選挙や国民投票によって人権保障を実現する構造こそが、日本国憲法や多くの現代憲法の特徴であることを、再度想起しなければならないと思います。

付け加えるなら、憲法規範と実態がかけ離れてしまったから、憲法を改正して実態にあわせるべきだという議論が強まっていることに対しても、注意が必要です。このような論理を重ねていくと、今後も、為政者が憲法違反の政治をして憲法と実態がかけ離れたときは明文改憲をすればよいということになりかねず、立憲主義に反する政治が正当化され続けることになるからです。立憲主義の破壊につながることが危惧されます。

最近の憲法九条改正論

これまでの戦後日本社会の発展を築いてきた一九七〇～八〇年代の高度経済成長も、非軍事平和主義の憲法のもとで徴兵制や国会による強制連行などがなくなったおかげです。自由と民主主義を謳歌して経済発展を遂げた日本で、いま、何故、憲法のどこをどう変える必要があるのか、変えたらどうなるのか、例えば、憲法九条を変えて国防軍を創設したら、徴兵制もありうるのではないか、戦争のリスクがより高まるのではないか、など、疑問や心配はたくさんあるでしょう。

例えば、「はしがき」で触れた二〇一七年五月三日の首相の改憲提案も多くの問題を含んでいます。九条一・二項をそのまま維持して、自衛隊を憲法上の存在にするために九条の２（もしくは九条三項）を置く、という案が俎上に載っていますので、これについても、精査しなければなりません（二〇一八年三月二五日現在。この問題については後述します。第２章、七一頁以下を参照）。

二〇一七年一〇月の総選挙では、憲法改正項目が与党自民党の公約に含められましたので、憲法改正の準備が整いつつあることは間違いありません。今後は、主権者国民の間で熟議を重ね、最終決定するのが真の主権者の役割であることをもう一度確認して、私たちが、真の主権者として行動できることを願うばかりです。さらに、いずれにしても、憲法九条こそが政府自民党の改憲論の本丸であることは変わらないため、次章で、制憲過程以降の九条解釈や運用の変遷、これからの平和主義の在り方についてみてゆくことにします。

第2章 平和と人権——憲法九条から平和的生存権を考える

憲法前文第三段　日本国民は、恒久の平和を念願し、人間相互の関係を支配する崇高な理想を深く自覚するのであつて、平和を愛する諸国民の公正と信義に信頼して、われらの安全と生存を保持しようと決意した。われらは、平和を維持し、専制と隷従、圧迫と偏狭を地上から永遠に除去しようと努めてゐる国際社会において、名誉ある地位を占めたいと思ふ。われらは、全世界の国民が、ひとしく恐怖と欠乏から免かれ、平和のうちに生存する権利を有することを確認する。

憲法第九条第一項　日本国民は、正義と秩序を基調とする国際平和を誠実に希求し、国権の発動たる戦争と、武力による威嚇又は武力の行使は、国際紛争を解決する手段としては、永久にこれを放棄する。

第二項　前項の目的を達するため、陸海空軍その他の戦力は、これを保持しない。国の交戦権は、これを認めない。

1 憲法九条の解釈と運用の変容

(1) 憲法九条解釈の変遷

最初に、憲法九条をもう一度読み直すことから始めましょう。実は、九条の条文には、その語義や定義が明確ではない用語が含まれており、言葉の解釈をめぐって、多くの学説や解釈が対立してきました。とくに、(Ⅰ)自衛戦争も含めたすべての戦争を放棄するのか、(Ⅱ)自衛戦争は放棄せず、自衛のための戦力も持てるのか、という点について、大きな対立があることを記憶しておいてください(辻村『憲法(第五版)』六四頁以下、第六版同頁参照)。

九条の語義をめぐる見解の対立

① 九条一項「国権の発動たる戦争」と「武力の行使」

九条一項が、「永久にこれを放棄する」と宣言した対象は、「国権の発動たる戦争と、武力による威嚇又は武力の行使」であり、「国権の発動たる戦争」と「武力の行使」、さらに戦争と武力行使との関係が問題となりました。これについて、学説はおおむね二つに分かれます。A説は、戦争(戦力の行使)と武力の行使とを実力の程度によって区別します。近代戦を単独で有効適切に遂行しうる人的物的装備が「戦力」であり、実力の程度がそれに至らないものが「武力」であると解する立場であり、武力に至らない実力を排除しない考え方です。

これに対して、B説は、実力の程度によって戦力と武力とを区別しない立場で、通説です。B説では「国権の発動たる戦争」とは、戦時国際法の適用をうける国際法上の正規の戦争を意味し、国家主権の発動としての宣戦布告を伴って実施された戦力の行使がこれにあたるとします。また、「武力の行使」は、宣戦布告を伴わず戦時国際法の適用をうけない事実上の戦争を意味し、歴史上存在した満州事変（一九三一年）や支那事変（一九三七年）がこれにあたると解しています。

② 九条一項「国際紛争を解決する手段としては」

九条一項は、「国権の発動たる戦争と、武力による威嚇又は武力の行使」を「国際紛争を解決する手段としては」永久に放棄すると定めています。この「国際紛争を解決する手段としては」という語句を挿入したことで、放棄する戦争を限定する趣旨が加わったかどうかが問題となります。

甲説は、限定放棄説であり、これは不正戦争のみを放棄するもので自衛戦争・制裁戦争等は放棄していないと解する立場です。その論拠は、(ⅰ)すべての戦争を放棄すると解することはこの語句の存在を軽視することになること、(ⅱ)国際法の歴史上は、不戦条約以降自衛戦争までは排除していないこと、(ⅲ)この語句の起源であるマッカーサー三原則でも、「紛争解決のための手段としての戦争」と「自己の安全を保持するための手段としての戦争」を区別して用いており、前者には自衛戦争は含まれないこと、(ⅳ)自衛戦争は違法な侵略を排除することを目的とし、国際紛争を解決する手段ではないことなどです。

これに対して、乙説は、全面放棄説（無限定説）であり、およそ国家間の紛争を解決する手段としてのすべての戦争を放棄していると解する立場です。その論拠は、(ⅰ)自衛戦争を含めてすべての戦争が紛争解決の手段となりうるため、この語句が挿入されたからといって、放棄する戦争を区別するわけではないこと、(ii)日本国憲法は、人類初の核兵器使用後に制定されたもので従来の用例にこだわらずに解すべきであること、(iii)侵略戦争(不正戦争)と自衛戦争を区別することは、実際には困難である、等です。

学説は、九条一項ですべての戦争を放棄したものと考える「九条一項全面放棄説」(乙1説)も有力ですが、九条一項の解釈では基本的に甲説に立ちつつ、二項の解釈によって全面放棄したとする「九条二項全面放棄説」(乙2説、九条二項戦力全面不保持説)が通説といえます。

③ 九条二項「前項の目的を達するため」

「芦田修正」によって挿入されたこの文言が何を意味するかをめぐっても、学説が分かれています。X説は、「前項の目的」を一項前段の平和保持の目的(「日本国民は、正義と秩序を基調とする国際平和を誠実に希求し」)を意味すると解するもので、その目的を達することが戦力不保持の動機であるとするものです。Y説は、「前項の目的」を一項全体の目的と捉えるもので、日本国民が正義と秩序を基調とする国際平和を誠実に希求して戦争等を全面的に放棄することを意味すると解します。このような戦争放棄という動機のもとに、その実効性を確保するために、二項の戦力不保持の規定が設けられたとするもので、通説的見解です。Z説は、前記②の論点における「九条一項限定的(部分的)放棄説」を前提としつつ、「前項の目的」を一項後段と捉えるもので、侵略戦争放棄という目的を達するために、その限りで必要な戦力の不保持を定めたと解するもの(九条一項後段戦力限定的不保持説)です。この立場では、自衛戦争のための戦力の保持が許容されることになります。

④「戦力」の不保持

九条二項の「陸海空軍その他の戦力」の語が何を意味するかについても、見解が分かれています。もともと「戦力」の語は最広義には国家の戦争遂行能力、最狭義には軍隊の直接的な戦闘能力をさしますが、学説および政府見解は、次の四つに分かれます。（ア）「潜在的能力」説（戦争に役立つ可能性のあるもの一切を含むとする説）、（イ）「警察力を超える実力」説（超警察力説、警察力と戦力は目的や実体から区別可能であり、警察力を超える戦争遂行目的と機能をもつ組織を戦力と解する説）、（ウ）「近代戦争遂行能力」説（一九五二年当時の政府見解で、近代戦争に役立つ程度の装備、編成を備えたものを戦力とする説）、（エ）「自衛のために必要な最小限度の実力」をこえる実力説（超自衛力説）の四つです。学説の多数は（イ）説を支持していますが、政府見解は、自衛隊を正当化するために定義された（エ）説をとってきました。

⑤「国の交戦権」

九条二項後段は、「国の交戦権は、これを認めない」と定めています。その内容についても、立場は大きく二つに分かれます。（Ⅰ）説は、「国の交戦権」とは、国際法上交戦国に認められる権利、すなわち、敵国領土の占領や敵国兵力の破壊など戦時国際法上の権利のことを意味すると解するものです。この立場では、国家が戦争する権利を認めないという趣旨ではないことになり、自衛戦争を認める道を可能とするものです。これに対して、（Ⅱ）説は、「国の交戦権」とは、国家が戦争する権利自体を意味するものと解するものです。（Ⅲ）説は、（Ⅰ）・（Ⅱ）の両者を含むとするもので、「国が戦争する法的権利」を認めない結果、これにより、日本が一切の戦争をしないことを意味すると解しています。通説は（Ⅱ）または（Ⅲ）説です。

(2) 九条解釈の五つの類型

以上の九条の語意に関する諸学説は、いずれも相互に理論的な関連を持っています。類型的に整理すれば、以下のような1〜5の五つの立場が成立します（本書四三頁の図表3参照。辻村『憲法（第五版）』六九頁、第六版同頁より引用）。

まず、第1説は、九条一項全面放棄説（九条二項全面放棄＝確認規定説）です。この立場は、前記①の「国権の発動たる戦争」と「武力の行使」の関係についてB説（「戦力＝武力」説）をとり、②の「国際紛争を解決する手段としては」の解釈について放棄する戦争を限定しない乙説に立っています。このように九条一項の解釈においてすでに、自衛戦争も含めたすべての戦争を放棄したと解する（九条一項全面放棄説）ため、二項の解釈は一項を確認しさらにこれを具体化するためのものと解されます。すなわち二項の③の「前項の目的を達するため」の解釈はXないしY説、④の「戦力」の解釈はイ説、⑤の「国の交戦権」の解釈は（Ⅱ）ないし（Ⅲ）説をとり、いずれにしても、九条二項では警察力をこえる実力を保持することと戦争することが禁じられる結果、すべての戦争が放棄されたものと解する点で一致します。なお、この立場からは自衛隊は憲法違反となりますが、駐留米軍については見解が分かれています。

第2説は、九条一項・二項限定的（部分的）放棄説です。この立場は、①の「国権の発動たる戦争」と「武力の行使」の関係についてA説に立ち、さらに②の「国際紛争を解決する手段として

図表３　憲法９条の解釈

[1] ９条１項全面放棄説（２項確認規定説）
（①Ｂ戦力＝武力　②乙説　全面放棄　③Ｘ／Ｙ説　平和目的　④(イ)警察力を超える実力）⑤交戦権(Ⅱ)／(Ⅲ)戦争をする権利）

[2] ９条１項限定的放棄説―２項限定的放棄説
（①Ａ戦力≠武力　②甲説　限定放棄　③Ｚ説　⑤(Ⅰ)国際法上の権利）

[3] ９条１項限定的放棄説―２項全面放棄説……通説、政府解釈１（憲法制定時）
（①Ｂ戦力＝武力　②甲説　③Ｘ／Ｙ説　平和目的　④(イ)　⑤(Ⅱ)／(Ⅲ)説）

[4] （①Ｂ戦力＞警察力　④(ウ)近代戦争遂行能力…政府解釈２（警察予備隊設置時）

[5] （①Ｂ戦力＞自衛力［個別的自衛権］、④(エ)自衛のための必要最小限の実力）…政府解釈３（自衛隊設置時以降）
（①Ｂ戦力＞自衛力［集団的自衛権容認］……政府解釈４（第二次安倍内閣）

（政府解釈の変遷）

（出典）　辻村『憲法（第５版）』69頁、第６版同頁より引用。

は」について甲説、③の「前項の目的を達するため」についてＺ説（二項後段・戦力限定的不保持説）、⑤の「国の交戦権」について（Ｉ）説をとることで、結論として、自衛戦争は放棄されず、自衛戦争のための戦力の保持も許されると解することになります。この立場は、自衛隊を合憲と解し、さらに駐留米軍も合憲と解する立場ですが、この第[2]説に立つものはごく少数です（旧佐々木惣一説、西修『よくわかる平成憲法講座』ＴＢＳブリタニカ、一九九五年）。

　第[3]説は、九条二項全面放棄説（九条一項限定的放棄・二項全面放棄説）および「戦力＝武力」説であり、通説です。九条一項の解釈では自衛戦争や制裁戦争は放棄されてないが、二項で一切の戦力の不保持と交戦権が否認された結果、自衛戦争・制裁戦争を含めてすべての戦争が放棄されたと解するものです。ここでは、まず九条一項の①の「国権の発動たる戦争」と「武力の行使」の関係についてB説（「戦力＝武力」説）をとりますが、②の「国際紛争」を解決する手段としては」の解釈については、国際法や諸国憲法など国際社会の用法を重視することから自衛戦争は放棄しないという限定放棄説（甲説）に立ちます。そこで九条一項の解釈からは九条一項限定的（部分的）放棄説が導かれますが、九条二項の③の「前項の目的を達するため」の解釈をXないしY説（一項を戦力不保持の動機と捉える説）に立ち、④の「戦力」の解釈はイ説、⑤の「国の交戦権」の解釈は（Ⅱ）ないし（Ⅲ）説をとり、いずれにしても、九条二項からは自衛戦争を含めたすべての戦争を放棄したものと解するのです（芦部信喜『憲法学Ⅰ』有斐閣、一九九二年、二六一頁、芦部信喜監修『注釈憲法（Ⅰ）』有斐閣、二〇〇〇年、四〇八頁〔高見勝利執筆〕など多数）。この立場は、戦力＝武力と解する点で特徴を持ち、このような九条二項全面放棄説・「戦力＝武力」説（第3説）を通説と解することができます。これに対して、同じく九条一項限定的（部分的）放棄・二項全面放棄説に立ちながらも、戦力や武力の解釈に関連してさらに二つの見解（第4説、第5説）が存在します。

第4説は、九条一項限定的（部分的）放棄・二項全面放棄説および「戦力＞武力＞警察力」説であり、④の「戦力」の解釈においてウ「近代戦争遂行能力」説をとります。警察力（国内の治安を維持する必要最小限度の実力）を超える実力であっても近代戦争遂行能力に至らないものは「戦力」ではなく、憲法上保持が許されると解することで、一九五二年の警察予備隊の保安隊改組を正当化するために主張されたわけです（今日ではほとんど意味を持たないものです）。

九条二項全面放棄説のなかでの展開

第[5]説は、九条一項限定的（部分的）放棄・二項全面放棄説および「戦力＞自衛力」説であり、④の「戦力」の解釈においてエ「超自衛力」説をとります。自衛隊設置を正当化するために一九五四年以降政府が採用してきた見解であり、自衛隊は近代戦争遂行能力のみならず「自衛のために必要な最小限度の実力」を超える実力でもないと解するものです。

以上のうち、第[4]・[5]説は、次にみるように戦後の憲法政治における政府見解の変遷のなかで、日本の再軍備を正当化するための目的論的解釈として形成されたもので、解釈論上に無理があり、妥当ではないといえるでしょう。第[2]説は今日ではごく少数しか支持者がいないのですが、九条二項の「前項の目的」を「侵略戦争放棄目的」とまで限定的に解釈することは、一項の構造や前文等に示された平和主義の特徴からして不自然でしょう。そこで、同じように自衛隊の存在を正当化してきた政府解釈も、第[2]説は採用せず、第[5]説を表明するに至りました（阪田雅弘編著『政府の憲法解釈』有斐閣、二〇一〇年、八頁以下参照）。

この第[5]説の政府（内閣法制局）の解釈は長く現実の政治において重要な位置を占めてきましたが、二〇一四年七月に第二次安倍政権下で集団的自衛権を認める憲法解釈変更が行われました（後述四九―五〇頁参照）。

(3) 九条の運用

以上の五つの立場を前提にして考察すると、自衛隊創設に至る過程で政府解釈が第[3]説→第[4]

説→第[5]説と変遷したことが一目瞭然となります（以下の資料は有斐閣編『憲法第9条――いま、ふたたび平和を考えるとき〔改訂版〕』有斐閣、一九八六年、六七頁以下、浅野＝杉原監修『憲法答弁集』四一頁以下、浦田編『政府の憲法九条解釈―内閣法制局　資料と解説（第二版）』参照）。

また、このような解釈論の変遷の上に、憲法政治のなかで、以下のような運用がされてきました。

憲法制定時

憲法制定段階では、政府を代表して答弁した吉田茂首相自身が、次のように述べて第[3]説（九条一項限定的放棄・二項全面放棄説および「戦力＝武力」説）を表明していました。

「自衛権に付ての御尋ねであります。戦争抛棄に関する本案の規定は、直接には自衛権を否定はして居りませぬが、第九条第二項に於て一切の軍備と国の交戦権を認めない結果、自衛権の発動としての戦争も、又交戦権も抛棄したものであります。従来近年の戦争は多く自衛権の名に於て戦われたのであります。満州事変然り、大東亜戦争亦然りであります。……故に我が国に於ては如何なる名義を以てしても交戦権は先ず第一自ら進んで抛棄する、抛棄することに依って全世界の平和の確立の基礎を成す、全世界の平和愛好国の先頭に立って、世界の平和確立に貢献する決意を先ず此の憲法に於て表明したいと思うのであります。」〔一九四六年六月二六日衆議院帝国憲法改正本会議・吉田茂内閣総理大臣答弁〕

「戦争抛棄に関する憲法草案の条項に於きまして、国家正当防衛権に依る戦争は正当なりとせらるゝようであるが、私は斯くの如きことを認むることが有害であると思うのであります。（拍手）近年の戦争は多くは国家防衛権の名に於て行われたることは顕著なる事実であります。故に正当防衛権を認むることが偶々戦争を誘発する所以であると思うのであります。……」〔一九四六年六月二八日衆議院帝国憲法改正本会議・吉田茂内閣総理大臣答弁〕

警察予備隊時代

一九五〇年六月に朝鮮戦争が勃発すると、即座に「警察予備隊」が設置されました。これは米軍将校が指揮する七万五〇〇〇人からなる部隊でしたが、吉田首相は、「警察予備隊の目的は治安維持であり、軍隊ではない」（一九五〇年七月三〇日の衆議院での答弁）という解釈を示しました。これに先立って、同年一月にマッカーサーが「この憲法の規定は……相手側から仕掛けてきた攻撃に対する自己防衛の侵しがたい権利を全然否定したものとは絶対に解釈できない。……」と述べたのに呼応して、吉田首相は、以下のように発言して日本は武力によらない自衛権をもつことを明確にし、自衛力保持の可能性を示唆したのです。

「……武力なき自衛権についてのお尋ねでありましたが、……いやしくも国が独立を回復する以上は、自衛権の存在することは明らかであって、その自衛権が、ただ武力によらざる自衛権を日本は持つということは、これは明瞭であります。」〔一九五〇年一月二八日衆議院本会議・吉田茂内閣総理大臣答弁〕

「独立をした以上は、国民の考うるところによって、すべて自衛の方法を考えるということは当然のことであります。……未来永劫軍備を捨てることは、これは今後の状態によるわけであって、もし経済力その他ができ、また国民も軍備を持つことを必要とするというようになって来れば、自然そのときに考うべきでありましょうが、今日においてはまだその時期でないのみならず、また力がない。ゆえに軍備以外の力を考えて行くべきではないか。」〔一九五一年二月一六日衆議院予算委員会・吉田茂内閣総理大臣答弁〕

保安隊時代

一九五二年四月に講和条約と日米安保条約（旧安保）が発効すると、警察予備隊は保安隊に改組され、海上警備隊も設置されました。以下のような政府統一見解が出され、近代戦争遂行能力を備えるものとしての戦力の定義が明確にされました。

「一、『戦力』に至らざる程度の実力を保持し、これを直接侵略防衛の用に供することは違憲ではない。……一、保安隊および警備隊は戦力ではない。これらは……戦争を目的として組織されたものではないから、軍隊ではないことは明らかである。また客観的にこれを見ても保安隊等の装備編成は決して近代戦を有効に遂行し得る程度のものではないから、憲法の『戦力』には該当しない。」〔一九五二年一一月二五日参議院予算委員会・吉田内閣統一見解〕

自衛隊創設期

「第一に、憲法は自衛権を否定していない。……第二に、憲法は戦争を放棄したが、自衛のための抗争は放棄していない。……従って自衛隊のような自衛のための任務を有し、かつその目的のため必要相当な範囲の実力部隊を設けることは、何ら憲法に違反するものではない。……自衛隊は外国からの侵略に対処するという任務を有するが、こういうものを軍隊というならば、自衛隊も軍隊ということができる。しかしかような実力部隊を持つことは憲法に違反するものではない。」〔一九五四年一二月二二日衆議院予算委員会・第一次鳩山一郎内閣大村清一防衛庁長官答弁〕

防衛力増強期　第一次田中角栄内閣以降の統一見解

「憲法第九条第二項が保持を禁じている『戦力』は、自衛のための必要最小限度を超えるもの〔であり〕、……性能上専ら他国の国土の潰滅的破壊のためにのみ用いられる兵器（例えばＩＣＢＭ、長距離戦略爆撃機等）については、いかなる場合においても、これを保持することが許されないのはいうまでもない。」〔一九七八年二月一四日衆議院予算委員会・福田内閣・金丸信防衛庁長官〕

「憲法の純粋な解釈論といたしましては、……自衛のため必要最小限の兵備はこれを持ち得る、こういうことでございまして、それが細菌兵器であろうがあるいは核兵器であろうが差別はないのだ。自衛のため必要最小限のものである場合はこれを持ち得る、このように考えておる次第でございます。」〔一九七八年三月二四日衆議院外務委員会・福田赳夫内閣総理大臣答弁〕

「我が憲法の下で、武力行使を行うことが許されるのは、我が国に対する急迫、不正の侵害に対処する場合に限られるのであって、他国に加えられた武力攻撃を阻止することをその内容とする集団的自衛権の行使は、憲法上許されない」〔第六九回国会参議院決算委員会提出資料　政府見解「集団的自衛権と憲法との関係」一九七二年一〇月一四日〕

一九九〇年代・二〇〇〇年代――海外派兵、防衛省への昇格

一九九一年にＰＫＯ（Peace Keeping Operations）協力法が制定されて以来、国連のＰＫＯ活動やテロ対策の名のもとに自衛隊の海外派兵が実施され、第一次安倍政権下の二〇〇七年一月には、防衛庁が省に昇格して防衛省が発足しました。実際には、日米安保条約に基づく「日米防衛協力の指針（ガイドライン）」のもとで自衛隊の装備が拡充され、防衛支出の規模では、日本は長く世界第三位ないし第四位の地位を保ちました。

二〇一〇年代――集団的自衛権の容認と安保法制成立

一九五四年・一九七二年に明らかにされた政府見解では、憲法上集団的自衛権は認められないとされていましたが、第一次安倍政権下の二〇〇六年に設置された「安全保障の法的基盤の再構築に関する懇談会」報告書を踏まえて、第二次安倍内閣では、二〇一四年七月一日に集団的自衛権を容

認する解釈変更を行いました（本書六三頁以下参照）。「我が国に対する武力攻撃が発生した場合のみならず、我が国と密接な関係にある他国に対する武力攻撃が発生し、これにより我が国の存立が脅かされ、国民の生命、自由及び幸福追求の権利が根底から覆される明白な危険がある場合において、これを排除し、我が国の存立を全うし、国民を守るために他に適当な手段がないときに、必要最小限度の実力を行使することは、従来の政府見解の基本的な論理に基づく自衛のための措置として、憲法上許容されると考えるべきである」と判断しました（二〇一四年七月一日閣議決定）。

そのうえで、二〇一五年九月には、安全保障関連法（自衛隊法や事態対処法などの改正法等の総称）十一本を強行審議で可決してこれを法制化しました。ここには、米軍の後方支援活動を目的とする「重要影響事態安全確保法」や、「存立危機事態（「我が国と密接な関係にある他国に対する武力攻撃が発生し、これにより我が国の存立が脅かされ、国民の生命、自由及び幸福追求の権利が根底から覆される明白な危険がある場合」に対応する自衛隊法の改正など）一〇の法改正を一括した「平和安全法制整備法」と、自衛隊による他国の後方支援を認める「国際平和支援法」が含まれました（辻村編著『最新　憲法資料集』一三五頁以下参照）。この法制化によって、自衛隊の海外での武力行使や、米軍など他国軍への後方支援が世界中で展開されることが可能となり、従来の「専守防衛」の政策が大きく転換されることになりました。しかし、法律上の概念や限界が不明確で、なお多くの課題が残っています。とくに、政府が集団的自衛権の合憲性の根拠として一九五九年の砂川事件最高裁判決を引用したことに対して、当時の判決が日本の集団的自衛権を問題とする土俵になかったこと、一九七二年政府解釈も最高裁判決後に集団的自衛権を違憲としてきたことなどから、批判論が高まりました（砂川事件との関係につき、青井未帆『憲法と政治』岩波書店、二〇一六年、七一頁以下参照）。

憲法九条との関係では、二項を維持したままでこれまで否定してきた集団的自衛権行使による武力行使を実施することは、解釈改憲の限度を超えるものと言わざるを得ないでしょう。二〇一五年六月以降、国会の憲法審査会やマスコミの取材に対して、大多数の憲法研究者が、違憲と判断したことも記憶に新しいところです。憲法学研究者の圧倒的多数のみならず、元最高裁判事、元法制局長官らからも、強い批判が続きました（朝日新聞二〇一五年七月一七日朝刊等に掲載。芦部『憲法（第六版）』六〇頁〔高橋加筆〕等参照）。

(4)　九条をめぐる訴訟の展開

日本の再軍備の過程で、その違憲性を問う憲法訴訟が相ついで提起されてきました。以下に検討する一連の訴訟では、砂川事件上告審と長沼二審判決以降、一見明白に違憲である場合や社会の一般的観念上反社会的行為である場合など顕著な場合を除いて、高度に政治的行為（統治行為）あるいは私法的行為であるという理由から、自衛隊や駐留米軍の合憲性については司法判断し得ないとする立場が定着しています。憲法判断回避原則を明らかにした恵庭判決を含めて司法消極主義が採用されており、憲法学説上も批判が多いといえます。

(a)　警察予備隊違憲訴訟

一九五二年七月、日本社会党の鈴木茂三郎が、国を被告として、警察予備隊令に基づく警察予備隊設置行為が憲法第九条に違反するとして、違憲確認訴訟を最高裁判所に直接提起しました。これに対して最高裁判所は、日本の違憲審査権は司法権の範囲内で行使されるものであり、原告の主張するように法律命令の抽象的な無効宣言をなす権限は有しないという理由で訴えを不適法として却下し、警察予備隊の違憲性や憲法九条との関係については触れられませんでした（最大判一九五二〈昭二七〉・一〇・八民集六巻九号七八三頁）。

(b) 砂川事件

一九五四年七月、東京調達局が東京都下（現・立川市）砂川町の米国駐留軍基地の測量を行った際、反対派のデモ隊の一部が米軍基地内に立ち入った行為が、日米安保条約三条に基づく行政協定に伴う刑事特別法二条に反するとして起訴された事件です。被告人らは、日米安保条約に基づく米軍駐留が憲法前文と九条に違反すると主張したところ、一審東京地裁（伊達秋雄裁判長）は、日米安保条約は違憲であるとして被告人を無罪とする判決を下しました（一九五九〈昭三四〉・三・三〇下刑集一巻三号七七六頁）。理由は、（ⅰ）合衆国軍隊の駐留によって、自国と直接関係のない武力紛争の渦中に巻き込まれるおそれが絶無ではなく、それは憲法の精神に反する、（ⅱ）米国軍隊の駐留を許容していることは、指揮権の有無等にかかわらず、九条によって禁止されている戦力の保持に該当すると言わざるを得ない、ということでした。

これに対して、検察側が最高裁に跳躍上告を行い、最高裁は異例の速さで審理して原審破棄差戻しの判決を下しました（最大判一九五九〈昭三四〉・一二・一六刑集一三巻一三号三二二五頁）。判旨は、（ⅰ）「憲法九条は、わが国がその平和と安全を維持するために他国に安全保障を求めることを、何ら禁ずるものではない」、（ii）九条で保持を禁じられている戦力とは「わが国がその主体となってこれに指揮権、管理権を行使し得る戦力」をいい、「外国の軍隊は、たとえそれがわが国に駐留するとしても、ここでいう戦力には該当しない」、（iii）日米安保条約のような「主権国としてのわが国の存立の基礎に極めて重大な関係をもつ高度の政治性を有する」問題は、「一見極めて明白に違憲無効であると認められない限りは、裁判所の司法審査権の範囲外のもの」である（「統治行為論」）、として「〔米軍の駐留は〕憲法九条、九八条二項および前文の趣旨に適合こそすれ、これらの条章に反して違憲無効であることが一見極めて明白であるとは、到底認められない」としました。この事件では、裁判は差戻審の一審から上告審まで継続され、最高裁決定（最二決一九六三〈昭三八〉・一二・二五判例時報三五九号一二頁）によって被告人らの有罪が確定しました。

(c)　恵庭事件

北海道千歳郡恵庭町にある陸上自衛隊の演習場付近で酪農業を営む野崎兄弟は、爆音等による乳牛の被害に対する補償も認められず、演習の事前連絡などの紳士協定も守られなかったことに抗議して自衛隊演習本部と射撃陣地を連絡する電話線を数カ所切断しました。この行為が、自衛隊法一二一条の「防衛の用に供する物を損壊」する行為にあたるとして野崎兄弟が起訴され、被告人は自衛隊と自衛隊法の違憲を主張しました。札幌地裁の憲法判断が注目されましたが、一九六七（昭四二）年三月二九日判決（下刑集九巻三号三五九頁）は、通信線が自衛隊法一二一条の「防衛の用に供する物」にあたらないとして被告人を無罪にしました。構成要件に該当しない以上自衛隊の違憲性について判断を行う必要がないのみならず、判断すべきではないとして憲法判断を回避し、議論を呼びました。

(d) 長沼ナイキ基地訴訟

第三次防衛計画に基づき北海道夕張郡長沼町に航空自衛隊のナイキ基地を建設するため、防衛庁の申請により農林大臣が保安林の指定解除処分を行ったのに対して、地元住民らが、憲法九条違反の自衛隊基地建設のための保安林指定解除処分は森林法二六条二項の「公益上の理由」を欠き違法であるとして、処分取消を求めて提訴しました。一審の札幌地裁判決（福島重雄裁判長）は、自衛隊の違憲性を認めて処分を違法とし、処分を取消しました（一九七三〈昭四八〉・九・七判例時報七一二号二四頁）。判旨は、(i) 保安林制度の目的は、地域住民の「平和的生存権」を保障しようとしていると解され、本件ナイキ基地は原告らの平和的生存権を侵害する危険性があるので、原告らの訴えの利益は認められる。(ii) 自衛隊の憲法適合性を司法審査の対象から除外すべき理由はなく、憲法九条二項で「一切の『戦力』を保持しないとされる以上、軍隊、その他の戦力による自衛戦争、制裁戦争も事実上おこなうことが不可能となった」ことからすると、自衛隊は九条で保持を禁じられた「陸海空軍」に該当して違憲である、とし、九条解釈における九条二項全面放棄説を採用して、初めて自衛隊の違憲性を明言しました。これに対して、二審札幌高裁判決（一九七六〈昭五一〉・八・五行集二七巻八号一一七五頁）は、防衛庁の代替設備により洪水の危険性等の具体的な訴えの利益がなくなったとして、原判決を破棄し、訴えを却下しました。上告審判決（最一判一九八二〈昭五七〉・九・九民集三六巻九号一六七九頁）も、控訴審と同様、代替施設の完備によって原告らの訴えの利益がなくなったとして、上告を棄却したため、一四年間争われた訴訟は、最高裁が自衛隊の合憲性や平和的生存権についてまったく触れないまま終了しました。

(e) 百里基地訴訟

航空自衛隊基地の建設予定地である茨城県東茨城郡小川町百里ヶ原の土地を基地反対派のYに売却した住民Xは、所有権移転登記（一部は仮登記）をした後、契約を解除して防衛庁との間に売買契約を結んだところ、Xと国がYに対して所有権移転登記抹消等の訴えを提起したため、Y側は憲法違反の自衛隊基地建設を目的とする契約は無効であると主張しました。一審の水戸地裁は、Xと防衛庁の売買契約を有効とする判決を下しましたが、自衛隊の合憲性については、自衛隊は一見明白に侵略的であるとはいえないので、統治行為として司法審査の範囲外にあり、違憲無効と断ずることはできないとしました（一九七七〈昭五二〉・二・一七判例時報八四二号二二頁）。二審東京高裁は、売買契約をめぐる一審の事実認定を支持し、自衛隊基地建設のための土地取得行為は公序良俗違反ではないとして、控訴を棄却しました（一九八一〈昭五六〉・七・七判例時報一〇〇四号三頁）。最高裁は、憲法九八条一項の「国務に関するその他の行為」には私法的行為は含まれないという立場に立って、国が行う私法的行為については憲法九条の直接適用をうけず民法九〇条の公序良俗の一部を形成していると解し、当該行為が反社会的行為であるとする「社会の一般的な観念」は成立していないとして、上告を棄却しました（最三判一九八九〈平元〉・六・二〇民集四三巻六号三八五頁）。

なお、自衛隊基地をめぐる訴訟はほかにもたくさんありますが、横田基地訴訟（最一判二〇〇二〈平一四〉・四・一二民集五六巻四号七二九頁）の後、沖縄の米軍基地をめぐる訴訟も、第三次嘉手納基地騒音訴訟（那覇地裁沖縄支部判決二〇一七〈平二九〉・二・二三判例時報二三四〇号三頁）、普天間基地騒音訴訟（那覇地裁沖縄支部判決二〇一七〈平二九〉・六・一一）、高江ヘリパッド建設差止訴訟（福岡高等裁判所那覇支部決定二〇一六〈平二八〉・一二・一五）などが相次いでいます。辺野古基地建設に関する訴訟も、処分取消しの適法性等をめぐって国と沖縄県との間で複数の訴訟が提起され、複雑な状況になっています。

(f) 安保法制違憲訴訟

二〇一五年九月に制定され、二〇一六年三月に施行された上記安全保障関連法を違憲とする集団訴訟が、同年四月以降、各地の地方裁判所に提訴され、二〇一七年一一月現在、原告数は約七〇〇〇人に上っています。この訴訟は、「憲法に反する安保法によって平和的生存権を侵害され、精神的な苦痛を受けた」とする国家賠償請求訴訟と、自衛隊出動の事前差し止めを求める行政訴訟からなり、他にも、陸上自衛官が同法に基づく出動命令に従う義務がないことの確認を求めて東京地裁に提訴した代表訴訟も含まれており、展開が注目されています。

2 戦後改憲論の展開

(1) 一九五〇年代から二〇一七年までの展開

一九五〇・六〇年代（一九五四年―六四年） 明文改憲論

一九五〇年代前半には、第一次明文改憲論が始まり、このなかで早速と九条改正論や天皇制と家族制度の復活論が台頭しました。一九五四年一一月五日に公表された自由党憲法調査会の「日本国憲法改正要綱案」では、「天皇は日本国の元首であって、国民の総意により国を代表する者とする」と定められ、戦線講和の布告や、非常事態宣言及び緊急命令の交付が、その権限の中に含められていました。また、国の安全と防衛に関する一章を設けて、「国力に応じた最少限度の軍隊を設置しうるものとする」と定められ、軍の最高指揮権は内閣総理大臣に置き、国防会議、軍の編成、維持、戦争並びに非常事態の宣言、軍事特別裁判所……等々の規定が設けられることが定められています。

さらに注目すべきは、「極端な個人主義の立場から、家族という観念の抹殺を図ったのは行き過ぎである」という考えから、「旧来の封建的家族制度の復活は否定するが夫婦親子を中心とする血族的共同体を保護尊重し、親の子に対する扶養および教育の義務、子の親に対する孝養の義務を規定すること。農地の相続につき家産制度を取入れる」と記されていたことです（自由党「日本国憲法改正要綱案」（一九五四年一一月五日）、渡辺治編『憲法改正の争点』旬報社、二〇〇二年、五〇四頁参照）。

ついで、一九五七年に憲法調査会が内閣に設置されました。この時期には、これまでの天皇元首化と国防軍創設問題に加えて、日本国憲法の個人主義的人権原理の見直しと家族制度の強化が叫ばれました。いわゆる五五年体制下で日本社会党と護憲派議員の多くが改憲に反対したため、一九六四年七月三日に提出された憲法調査会報告書では賛否両論が併記され、翌年憲法調査会法は廃止されました。

報告書では、天皇制と九条について、以下のように記されていました。

「九条の改正については、改正論の委員が多数であり、改正不要論は少数である。この見解の対立は①第九条二項の戦力不保持の現実性、②自衛権、独立国家の理想、③第九条の防衛体制の支援の有無、④第九条改正の効果……などの点において現われている。」（渡辺編前掲、六六九頁）。

また、憲法二四条について、下記のような記述が置かれていました（『憲法調査会報告書』一九六四年、五六二頁）。「二四条は、……家族の共同生活および家庭の保護の上に適切でないとし、これに代わる新たな規定を設けるべきであるとする意見がある。この意見のうち家族の共同生活についてのものは、第二四条が個人の尊厳と両性の平等を強調するのあまり、家族間、とくに親子・夫婦間の親和・敬愛・協力の観念が軽視され、日本古来の家族制度の伝統が失われ、また種々の社会問題も生じているとする意見である。また、家族の保護についての意見は、家庭が社会構成の基本単位であることにかんがみ、国家はこれを保護すべき責任を有するものであるとする。……」（一九六四年七月三日）

一九七〇年―一九九〇年　自民党憲法調査会の活動

この時期には、自民党憲法調査会報告書（「憲法改正大綱草案」一九七二年六月一六日）が公表されました。ここでは、「天皇は国民統合の中心として、国を代表する旨を規定する」としているものの天皇元首化の制強化論の主張は後退していました。平和主義についても、九条以降の存続とともに、「（自衛権を行使する）自衛力の保有については、種々の議論がある。日本国の安全保障は、究極には国連の普遍的集団安全保障機構に依存することを明らかにする」と記載するにとどめています。

これに対して、家族については、「家庭は、祖先から受けて子孫に伝承すべき人間の生命を育てる礎石であり、また社会の基底であることにかんがみ、国は家庭を保障することを規定する」とあえて明言しています。この記述からも、憲法制定過程と同様に、日本古来の家族制度の伝統を重視して二四条の個人主義的・平等主義的性格を否定しようとする右派の系譜と、家族の国家保護を要求する左派の系譜の二つが存在していたことが理解できます。

しかし、憲法調査会報告書提示後は、明文改憲論が下火になったことは事実ですが、その後、一九八〇年代に、中曽根内閣のもとで第二次明文改憲論の時期が訪れました。一九八二年に出された自民党憲法調査会の中間報告では、第四分科会で九条二項を削除して自衛隊の保持を明示する案が提案されたのに対して、議論が紛糾した結果、現状維持とされた経緯が記載されています。これに対して、二四条については、第三分科会報告において「第二十四条の規定は、家庭の保護、育成をうたっておらず、改正を要すると考える。」と明記されていました（自由民主党憲法調査会中間報告、一九八二年）。

一九九〇年代には、湾岸戦争を契機とした国際貢献論を背景に新たな（第三次）明文改憲論が高揚しました。この時期には、読売新聞社が改憲草案を自ら起草するなど改憲タブーを除去するための活動が展開され改憲草案が公表され始めました（読売新聞一九九四年一一月三日、二〇〇〇年五月三日、二〇〇四年五月三日各朝刊参照）。

二〇〇〇・二〇一〇年代　明文改憲論

二〇〇〇年には、憲法調査会が衆議院と参議院に設けられて種々の議論が行われ、それぞれ、大部な報告書が刊行されています。しかしその内容は、憲法改正についても賛否両論を併記したものにとどまり、一定の具体的な憲法改正の報告を示すことはとてもできない状態でした。ただし、自由民主党内では憲法調査会プロジェクトチームが活動を続け、二〇〇四年の「論点整理」のなかで二四条見直し論が公表されました。

二〇〇五年の新憲法草案では、二四条には変更はなかったのですが、九条二項を削除して、九条の二（自衛軍）を新設し、自衛軍の存在を明確にしました。

「九条の二　① 我が国の平和と独立並びに国及び国民の安全を確保するため、内閣総理大臣を最高指揮権者とする自衛軍を保持する。

② 自衛軍は、前項の規定による任務を遂行するための活動を行うにつき、法律の定めるところにより、国会の承認その他の統制に服する。

③ 自衛軍は、第1項の規定による任務を遂行するための活動のほか、法律の定めるところにより、国際社会の平和と安全を確保するために国際的に協調して行われる活動及び緊急事態における公の秩序を維持し、又は国民の生命若しくは自由を守るための活動を行うことができる。

④ 前2項に定めるもののほか、自衛軍の組織及び統制に関する事項は、法律で定める。」

その後、二〇〇九年八月の総選挙で民主党が政権を取り自民党が下野してからは、国会の憲法審査会も具体的な提案をするところまではゆきませんでした。しかしその間、二〇一二年四月に、自民党憲法改正草案が公表されました（辻村編著『最新　憲法資料集』一一九頁以下参照）。

⑵　二〇一二年自民党憲法改正草案

自民党憲法改正草案では、前文を全面改定して平和的生存権の規定をすべて削除しています。

（「政府の行為によって再び戦争の惨禍が起ることのないようにすることを決意し」という第二次世界大戦の

反省の記述をすべて削除したうえで）戦争責任さえも曖昧にする形で「先の大戦による荒廃や幾多の大災害を乗り越えて発展し」という記述に置き換えた点は、いかにも保守政党の「自虐史観」批判が窺えます。「Ｑ＆Ａ」では、「特に問題なのは、『平和を愛する諸国民の公正と信義に信頼して、われらの安全と生存を保持しようと決意した』という部分です。これは、ユートピア的発想による自衛権の放棄にほかなりません。」と指摘し、自衛権行使容認への意欲を示していました。

さらに現行の九条二項を削除して、代わりに「国防軍を保持する」と定めたのです。自衛権（個別的自衛権と集団的自衛権）の行使容認と併せて、ここでは明らかに、現行の戦争をしない体制から、自衛権の名のもとで国防軍が戦争できる体制に変えられたということができます。さらに、第九条の二第三項では、国防軍が、国際的に協調して行われる活動を行うことを明示し、「Ｑ＆Ａ」では、「国際平和活動への参加」と「集団安全保障における制裁行動」にも参加可能であることを明示していました。また、集団的自衛権や集団安全保障の制裁行動にも、国防軍の活動範囲を明示した点で、「現状の追認」の範囲を超えることになりました。

すでに自衛隊は対外的には軍隊として認められているため、現状に合わせた改憲が必要である、と一般的には説明されていますが、実際には、自民党の改憲案は現状をはるかに超えたものに向かっていることを見逃してはならないでしょう。

さらに、二〇一二年の自民党憲法改正草案では、九条二項に「前項の規定は、自衛権の発動を妨げるものではない」と明記し、「Ｑ＆Ａ」では、自衛権には、「個別的自衛権や集団的自衛権が含まれている」と解説されており、集団的自衛権行使容認に踏み切ったことが窺えます。

家族規定については、「家族は互いに助け合わなければならない」という規定が加えられています（これについては、第3章で検討します）。

(3) 集団的自衛権容認による「解釈改憲」

すでにみたように、政府解釈では、国家の固有権としての（個別的）自衛権が放棄されない以上、自衛のために必要な自衛力の行使も認められるとして、自衛隊を合憲と解してきました。

憲法学の学説では、個別的自衛権について諸説あるなか、「自衛権留保説・非武装自衛権説」（武力なき自衛権説）、すなわち、「国家の固有権である自衛権自体は放棄されてないが、憲法九条二項で武力を放棄した結果「武力によらざる自衛権」のみが残った」とする見解が、通説の地位を占めてきました。これに対して、集団的自衛権については、政府解釈も憲法学説も、一貫して否定してきました。集団的自衛権の行使は、武力攻撃をうけた国と密接な関係にある国が、自国への攻撃がない場合にもその国を援助して共同で反撃する行為です。

日本政府は、個別的自衛権の存在を前提として最低限度の自衛力の行使を認めてきた反面、個別的自衛権のみが憲法上認められるという立場を前提としてきました。一九五四年六月三日の政府答弁で、特別の共同防衛条約がなければ自衛の名において発動できないという見解が示されていたとおりです。さらに、一九七二年にも「我が憲法の下で、武力行使を行うことが許されるのは、我が国に対する急迫、不正の侵害に対処する場合に限られるのであって、他国に加えられた武力攻撃を阻止することをその内容とする集団的自衛権の行使は、憲法上許されない」（一九七二年一〇月一四日）とされ、一九八一年五月の答弁書でもこの政府見解が再確認されています。内閣法制局でも一貫して憲法上集団的自衛権の行使は認められないと解してきました（本書四九頁、浅野＝杉原監修『憲法答弁集』八六頁参照）。

しかし、第一次安倍内閣のもとで二〇〇六年に「安全保障の法的基盤の再構築に関する懇談会」が設置され、政府解釈の変更についての検討が始まりました（この懇談会のメンバーには、上記九条解釈論（本書四二頁以下）のうち、政府見解とも異なる九条一・二項部分的放棄説（第[2]説）の論者が含まれ、この線で報告書が作成されていました）。翌年二〇〇七年に安倍首相が突然退任した後は休会状態となっていましたが、二〇一二年末の総選挙による自民党の政権復帰、第二次安倍内閣発足以降、同じメンバーが再び活動を開始し、二〇一三年八月に内閣法制局長官を集団的自衛権容認論者に交代させるという事態となりました。さらに、二〇一四年四月の懇談会の報告書をもとに、集団的自衛権行使が容認され、同年七月一日の閣議決定に至りました（本書五〇頁参照）。

集団的自衛権行使については、当時、北朝鮮が米国の領土にミサイルを撃った場合には、同盟国としてそれを撃ち落とすのが当然である（親友が危害を加えられているのに何もしないことはあり得ない）、という説明がされました。国会でも、乳児を抱いた女性の写真を大きく掲載して、ホルムズ海峡等から邦人を救出するために集団的自衛権が必要であるという説明が、首相によってくりかえしてなされました。しかし、北朝鮮のミサイルを撃ち落とす行為は明らかに宣戦布告行為とみなされます。そうした事態になれば、それ以降は日本が直接的な攻撃の対象となることを意味しますので、国民の生命と国土を著しい危険にさらす行為を、単なる「友情」関係で説明付けることは説得的ではありません。

他方、自衛隊の存在や活動についても、憲法改正によってこれらを明示することによって現状を追認すべきである、という議論が盛んになされるようになりました。しかし、少なくとも現行の九条の戦力不保持・戦争放棄規定のもとで日米軍事同盟が結ばれてきた現実（さらには、米国は日本防衛の任務を負い、日本は米国防衛の任務を負わないという非対等な関係の見返りとして、日本は基地の提供や「思いやり予算」等の負担を甘受してきたという同盟関係の現実）を直視すれば、「現実を追認する」という一見わかりやすい説明が、実際にははるかに重大な変更を含むことがわかるでしょう。さらにいえば、憲法九条の制約の下での自衛隊の活動が制限されていたためにこれまで自衛隊員の犠牲も殺戮もなかったのであり、今後、集団的自衛権行使のための戦争に国防軍が頻繁に関わるようになれば、国防軍人の犠牲者が増えれば志願者が減少し、やがては強制徴収制すなわち実質的な徴兵制も視野に入ってくることなども、容易に想像できるでしょう。国防軍による集団的自衛権行使の提案が、（親友を助ける等の「友情」物語などではなく）こうした危険を伴う極めて重大な人権侵害になりうることを明確にしつつ、真に「現実的な対応とは何か」を真摯に議論することが、今なすべき最低限の条件であるといえます。

その後も、二〇一二年一二月の選挙から、二〇一三年春の「九六条改正論」、二〇一四年の集団的自衛権容認の閣議決定、二〇一五年の安保法制強行審議・採決（二〇一六年施行）、二〇一七年五月の安倍首相発言（二〇二〇年憲法改正施行の提案）に至る経過は、すでに述べた通りです（本書はしがき、五〇頁参照)。さらに、二〇一七年一〇月二二日総選挙では憲法改正四項目が選挙の公約にも含められ、憲法改正論が一層加速しました。

ここでは、二〇一七年九月・一〇月の解散総選挙の特徴をみたうえで、憲法九条自衛隊追加論の問題点について考えることにしましょう。

3　二〇一七年解散総選挙と憲法九条自衛隊追加論の問題点

(1)　解散権の制約問題

二〇一七八月三日に内閣改造が行われて第三次安倍内閣が発足して間もない九月二八日、臨時国会召集当日に、解散が宣言されました。憲法の観点からすれば、五三条で「いずれかの議院の総議員の四分の一以上の要求があれば、内閣は、その召集を決定しなければならない」と定められているにもかかわらず、同年六月から三カ月以上、召集が遅れました。その上、何の審議も首相の所信方針演説もないまま開会と同時に解散されたことに批判が集まりました。実際、臨時国会召集日については内閣が自由に決定できると解されてきたとはいえ、二〇一二年の自民党改憲草案五三条にも、「要求があった日から二〇日以内に臨時国会が開催されなければならない」と定められていたように、可能な限り早急に開会するのが、憲法の趣旨といえます。この点でも、立憲主義の無視、憲法の軽視が問題視されました。

さらに、解散の理由について、一般には、内閣発足直後で北朝鮮のミサイル発射危機のなかにあることなどから、「大義のない解散」と受け取られました。新聞報道では、同年九月の民進党代表選挙後の離党者続出の状況など、野党の混乱に乗じたもので、総選挙により自民党が最低二八〇議席はとれるという調査結果が出たことが理由であるとも伝えられました。しかも、「解散は首相の専権事項」であり、憲法上もまったく問題ないと官房長官からも回答されました。しかし、憲法上は、厳密には、首相の専権事項と書いてあるわけではありません。

解散は、憲法六九条の定める場合（内閣不信任決議が可決されるか信任の決議案を否決したとき）と、七条三項の場合（内閣の助言と承認により「国民のために」天皇が衆議院の解散を行う場合）の二種類あり、これまでの二四回の解散のうち二〇回が後者によっていました。今回も後者の解散にあたり、首相ではなく、内閣が実質的な決定権者です（この点についてマスコミでも指摘があったためか、後日、閣議決定が出され、解散権は内閣にあることが確認されました）。内閣では、その構成員が解散に反対することは可能ですが、首相が罷免することで全員一致させることができるため、実際には、実質的に内閣総理大臣が解散権を持つことになり、それが「専権事項」といわれる理由となっているのです。郵政民営化の是非を国民に問うため小泉純一郎首相が行った郵政解散（二〇〇五年）や、安倍首相のアベノミクス解散（二〇一四年）も、いずれも現代の行政国家現象の一面として、選挙で勝利するために都合のいい時期や理由で解散することが行われています。

これに対して、諸外国では解散権を制約する傾向があり、日本が議院内閣制のモデルとしているイギリスでさえ、二〇一一年に議員の任期を全うさせるために、解散権を制限する法律（国会議員任期固定法）が制定されています。この法律では、例外的に議員の三分の二で決定した場合に解散することが認められていたため、メイ首相のもとで二〇一七年六月の解散総選挙が実施されたのです。このように比較憲法的にみても、解散権制約の傾向があるなかで、大義のない解散をすることには、問題があったといえるでしょう。さらに、北朝鮮の脅威論を理由に挙げて、総選挙を「国難突破選挙」と命名したことも、ナチスドイツの国家元帥　ゲーリングが「我々は攻撃されかけている」と述べて脅威を煽ったことを想起させるものでした。実際、総選挙で大勝した直後に、麻生副総理が、自民党が大勝したのは、「明らかに北朝鮮のおかげもある」と〝正直に〟述べて野党から批判があったことも記憶に新しいところです（同年一〇月二六日）。

(2) 選挙制度と選挙結果

二〇一七年一〇月二二日の選挙結果は、悪天候による投票率の低下（五三・六％）や、野党の混乱による候補調整の遅れ等の影響もあり、四六五議席中与党が三一三議席（自民党二八四、公明党二九議席）を獲得し、与党の大勝となりました。その原因の根底には、小選挙区制という選挙制度の問題があります。実際、総選挙での自由民主党の比例区の得票率は三七・五％（投票率を加味した絶対得票率は一七・五％）で一七六議席中六六議席でした。ところが、小選挙区では、得票は二六七二万票で、全有権者一〇六〇九万人に占める割合（絶対得票率）は二五・二％であったのに対して、議席率は七五・四％（二八九中二一八議席）になりました。（投票率五三・六％で、自民党の得票率は四八％、絶対得票率は二五・二％ですので）有権者の四分の一の支持で、国会の四分の三を支配する状況であったといえます。

まさに、多数派に有利な「多数代表制」としての小選挙区制の特徴が現れました。この制度では、一票でも多くとった政党が議席を独占できるため、民意の動向を過度に拡大した結果をもたらすのです。小選挙区制は、勝者総取り制度《Winner takes all》といわれますが、例えば、すべての選挙区で得票率五一％対四九％の差でＡ政党が勝利した場合、Ａ政党の得票率は五一％にすぎないにもかかわらず、議席率は一〇〇％になる仕組みなのです。この制度は、すべての政党に対して提供されるルールであるため、即座に憲法に照らして問題となることはありませんが、野党の候補者を一本化して、与党批判票を分散させないようにしなければ勝利はできない制度であることを考慮に入れた対応が必要です。今回の選挙では、野党候補の得票総数が与党候補を上回りながら、与党候補が勝利した選挙区が二六七選挙区中六八以上ありました。このことからすれば、野党の候補者調整ができていれば与党の議席も六八減った可能性があり、政権交代さえ可能性があったということになりますが、これも含めて選挙であり、結果がすべてと言わざるを得ないでしょう。

今後は、主権者国民の意思を可能な限り正確に反映される制度にして、死票を減らし、主権者の選挙権を無駄にしないため、投票価値平等の確保と併せて、選挙制度の改訂を含めた検討も必要になるでしょう。

(3) 選挙区の「合区解消」のための憲法四七条改正論議について

二〇一七年総選挙の自民党の公約に含まれた憲法改正の項目は、九条への自衛隊の明記、緊急事態規定、教育無償化、選挙区の「合区解消」の四つでした。このうち、少なくとも後者の二つは、憲法改正しないでも法律の改正で実現できるものであり、法律に委任することになる点からすれば、むしろ法律で定めることが望ましいとさえ考えられるものといえます。

しかし、二〇一七年一一月一六日に再開した自民党憲法改正推進本部の審議では、「合区解消」のために、憲法四七条を改正する案が審議されました。これは、一票の格差をめぐる最高裁の判決が、しだいに厳格な人口比例原則を採用して「違憲状態」の判断をするようになり、都道府県を選挙区とする選挙区割の在り方を批判したことに起因します。最高裁大法廷は、選挙権の平等原則を重視して、（選挙区における議員一人当たりの選挙人数の最大の選挙区と最小の選挙区との）最大較差が、一対五であった二〇一〇年の参議院選挙、および、最大較差が四・七七に及んだ二〇一三年の参議院選挙の選挙区割りについて、「違憲状態」と判断し、「制度の仕組み自体の見直しが必要である」と判断しました（最大判二〇一二〈平二四〉・一〇・一七民集六六巻一〇号三三五七頁、二〇一四〈平二六〉・一一・二六民集六八巻九号一三六三頁、辻村『選挙権と国民主権』一一六頁、一二四頁以下参照）。これをうけて、公職選挙法が改正され、二〇一六年選挙から、「鳥取・島根」と「徳島・高知」で選挙区を統合する「合区」が実現されたわけです。この制度は、有権者の一票の格差をなくすため、可能な限り人口比例原則を守って、一人一票に近付けるための措置であり、選挙権の権利を実現するためには重要かつ必要なものであるといえます。しかも参議院の場合は、一対二、という較差ではなく、一対五のような著しい較差が問題になっています。実際に、人口の少ない過疎地の選挙区では、一人が五票も持ち、反対に、人口の多い都会の主権者は、人口が多い地域に住んでいるというだけの理由で、主権行使にとって最も重要な選挙権について、五分の一票しか持っていないということを意味します。民主主義の根幹に関わる重大な問題であるはずですが、自民党や、合区された四県の議員たち、さらには、将来の合区が想定される人口の少ない地域の候補者たちから、合区の解消を求める意見が強くなっていたのです。ここでは、主権者の選挙権の権利を重視するか、選挙候補者や政党の都合（選挙運動の便宜、県民性や文化の異なる合区の不都合など）を重視するか、という選択問題が存在しています。

最高裁は、国会に対して、前者の権利の平等を重視して「違憲状態」を認定し、制度の見直しを求めた一方で、立法裁量を尊重していわゆる「合理的期間論」によって最終的に合憲と判断し、選挙無効訴訟については請求棄却してバランスを取ったといえます。

これに対して、自民党などでは、憲法四七条に、都道府県から最低一人の議員が選出されることを明記することで、選挙制度を定めた公職選挙法が憲法違反であるという選挙無効の訴えの可能性をなくし、今後、最高裁の「違憲状態」もしくは「違憲」判決を出させない、という手段に出ようとしているようにみえます。

一般には、「反対の強い九条に比べると合区解消は理解を得やすい」として、比較的ハードルが低い「合区解消」問題を入り口にして、改憲に向けた機運を高めていくシナリオである、と考えられているようです。しかし実際は、選挙権の権利の平等を重視する観点からは、大いに問題があると言わざるを得ないでしょう。このような四七条改正は、人口比例原則や選挙権の平等を軽視し、議員定数違憲訴訟を封殺する意味を持っていることを、十分に知っておく必要があります。

さらにいえば、この改憲論は、憲法の番人である最高裁の憲法解釈（「違憲状態」判決）に、真っ向から異を唱えるものにほかなりません。最高裁判所が国民の権利を守るために下した判断を、政治家や政党の都合で反故にしようとするのは、三権分立の原則からしても、重大な問題であることを指摘しておかなければなりません（今回の四七条改正の議論において、四三条の「全国民代表」との関係も含め、どこまで理解されているか、疑問でもあります）。

(4)　九条自衛隊追加論について

提示されている四つの改憲項目のなかでは、九条改正の問題が最も重要であることはいうまでもありません。（今後、具体的な改憲規定がどのように提示されてくるのか不明ですが、）一般論として考えられる範囲で、疑問や反論をみておきましょう（二〇一八年三月二五日現在）。

政府解釈との関係——自衛隊違憲論の封殺

二〇一七年五月三日のメッセージや、その後の演説等のなかで、安倍自民党総裁（首相）は、憲法学者の七割も違憲と解しているような状態で、「自衛隊は違憲かも知れないが、何かあれば命を張って守ってくれというのはあまりにも無責任」という言い方をして、九条に自衛隊を明示する案を提示しました（同年五月三日メッセージ、同年一一月四日朝日新聞参照）。しかし実際には、そのような理由よりももっと重要な意味があると思われます。

すでにみたように、一九四六年の憲法制定過程では、吉田首相は九条二項全面放棄説（第3説の九条二項全面放棄説、戦力＝武力説）を採用していましたが、その後、日本政府は、九条一・二項のもとで、警察予備隊や自衛隊を認めるために、第4説（九条二項全面放棄説、戦力＞武力＞警察力説）、さらに第5説（九条二項全面放棄説、戦力＞武力＞自衛力説）へと解釈を変えてきました（すでに四九頁でみたように、政府は、必要最小限の自衛力で、専守防衛のためのみ可能とし、ただし、防衛の為なら核兵器も生物兵器も持てると解釈してきました）。

現在でも、政府は第5説の立場に立ちつつ、集団的自衛権を容認する形で、自衛隊を合憲と解していています。このように、政府は、一貫して、自衛隊を合憲と解して「解釈改憲」をしてきたので、今回、あえて、明文改憲しなくてもいいはずです。にもかかわらず、「明文改憲」してまで、自衛隊を憲法上の組織にするということには、どのような意味があるのでしょうか。国民や憲法学者に違憲であるという疑念が多く、現在も、違憲訴訟が全国的に展開されている状況のなかで、自衛隊違憲論を完全に封殺して、自衛隊の合憲性を明文化し、さらにそこに集団的自衛権行使の合憲性まで認めさせるという重大な意義があるといえるでしょう。

これまでは、自衛隊の合憲性に疑義があったからこそ、防衛費拡大や攻撃型兵器の禁止、非核三原則、徴兵禁止などの制約があったのですが、今後は、憲法上の組織となると、自衛隊に関する違憲訴訟も提起できなくなることが危惧されます。集団的自衛権行使について司法府が合憲性を判断する前に、合憲の存在にしてしまおうというところでしょうか。

とくに、今後は、自衛隊の装備や行動に歯止めがかからなくなる危険があることが問題です。もし仮に敵基地の先制攻撃なども認めることになれば、専守防衛とはかけ離れたものになるでしょう。九条二項はこれによって、完全に死文化されるということです。そうすると、違憲のものを合憲にするような重要な意味を持ち、かつ九条二項を死文化するような重大な効果を持つ憲法改正が、自衛隊員の心情に配慮するなどと論点をずらして説明されていることには、注意が必要です。

自衛隊違憲論の誤用――合憲性の範囲に関する意図的誤解

九条三項もしくは九条の２を追加して自衛隊を明示するという議論は、「憲法学者の七割が自衛隊を違憲と解している」という首相の理解が出発点になっています。この根拠とされた二〇一五年六月の朝日新聞のアンケートは、憲法研究者の二〇九名中一二二人が回答して、自衛隊について「違憲」に○を付けた人が五〇人、「違憲の可能性あり」に○を付けた人が二七人で、合計七七人、すなわち、回答者の六三％が「違憲の可能性がある、もしくは違憲」と回答したものです（ただし、回答率は五八％で、半数近くの八七人が無回答ですので、これが合憲説であれば、全体として七九％が合憲説に与することになりますし、実態は不明です。ここではこの点は不問とします）。

憲法研究者は、本書ですでにみたような九条の語義や、政府解釈の変遷、訴訟の展開等について研究してきたため、九条の文言と自衛隊法との間に抵触があることは良く知っているはずです。したがって、九条の文言からして、過去にも世界で第三位から第八位の実力を持ってきた自衛隊が、まったく疑念なく合憲であると考えることは困難であり、「違憲の可能性がある」という回答に○を付けるのはむしろ当然のことであるように思われます。さらに、同じ時期に実施された各社のアンケートは、集団的自衛権については、憲法研究者のほとんど八〇～九〇％が違憲の疑いが濃いという見解を示していました。すなわち、このような時期に自衛隊の合憲性を問えば、集団的自衛権のような違憲の機能を実行する組織としての自衛隊に、違憲の疑いがあると回答するのは、論理的には至極当然のことで、六三％という数字は、とくに驚くにあたらないと思われます。

さらに、このような自衛隊を違憲と解する憲法学者も、自衛隊が行っている災害救助活動についてまでも憲法違反だとか、自衛隊が不要だと考えているわけではなく、それを超えて、九条二項の戦力不保持原則に反する部分を違憲としているにすぎません。したがって、憲法学者の自衛隊違憲論が実態に合わない議論であるという宣伝は、事実に反するといえるでしょう。

この点では、従来の政府解釈でも、自衛のための必要最小限のものであれば、九条二項に抵触しないとされてきましたが、世界の防衛費のランキングを見ても、現在日本は世界第八位です（本書八九頁参照。以前は第三位、四位の時期もありました）。したがって、相対的にそのような大きな装備を持った日本の自衛隊が、アジア近隣諸国や、日本よりも防衛費の低い世界の大多数の国にとって、脅威ではないということはできないでしょう。とくに、一九七八年の政府見解で明らかにされたように（本書四八―四九頁）、自衛のためであれば、核兵器も細菌兵器も持てるという議論ですと、そのような自衛隊および自衛隊法を、憲法九条二項に違反しないと解することこそ、理論的にも難しいと思われます。しかし、このことと、憲法に反しない自衛隊の災害救助等の任務を認めることとは両立しますので、九条二項の範囲を超えた部分を縮小する（軍縮する）ことを目指せば、憲法改正も必要ない、といえます。

九条二項との関係――九条二項の空文化、国防軍新設への足掛かり

これに対して、二〇一二年の自民党改憲草案では、九条二項を削除して、国防軍を置く、という改正案を提示していますので、同じ自民党内の見解の統一が求められるでしょう。憲法改正の発議には、できる限り野党も含めた国会のコンセンサスが必要となるのであり、まずは、与党内で見解

が統一される必要があります。

実際、二〇一二年案を作成した自民党議員や保守派有識者たちは、従来の解釈改憲の論理が欺瞞的であることを理解して、より実態に合う形で、国防軍を憲法で認めようとしているのです。すでにみたように、憲法学説のなかにも九条のもとでも自衛戦争は放棄されておらず、交戦権も認められると解する立場（前掲四二頁の第[2]説の立場）が少数ながら存在します。この立場からすれば、九条をそのまま維持したとしても自衛戦争は認められるものの、九条二項で、武力・戦力不保持が定められるため、二項の削除による国防軍の明示が望ましいと考えられているようです（この立場の人たちからすれば、九条二項を残して、三項もしくは九条の2で、専守防衛に限定された「軍隊ではない」自衛隊と言う存在を明示するという原案は、論理的にはとても許容できるものではないでしょう）。

しかし、九条二項を削除して国防軍を新設することについては、世論調査結果などをみても、国民投票で否決される可能性も大きくなってきます。そのため現時点では、現実的な選択肢ではないように思われます。この場合は、攻撃的兵器は無論のこと、核兵器や生物兵器を持つことさえ容認されることになり、しかも自衛のための最小限度のものという、条件も付けなくなる可能性がありま す。とすれば、近隣諸国にとっては、攻撃的兵器として脅威になることは当然ですので、二〇一二年の改憲草案のような改正は認められないでしょう。しかも、このような見解が自民党内の多数であるならば、従来の政府の解釈論自体が、もう一度、議論し直さなければならなくなるでしょう。

というより、今後、九条二項との関係を見直すことがあることも想定して、今回はさしあたり三項（もしくは九条の2）を追加する憲法改正案で賛成票を集めて「お試し改憲」を成功させ次に本格的な改正案に移る、という意図かもしれません。この点では、今回の追加案も、従来の政府解釈もいずれも、戦力の不保持と交戦権の否認を定めた二項を空文化しようとするものであり、皮肉にも、二〇一二年改憲草案がそのことを前提にして、従来の政府解釈と自衛隊が両立しないこと（違憲であること）を理解したうえで、国防軍を明文化しようとしたことが示されています。

実力組織のコントロール——規制に関する批判

憲法九条は徹底した戦力不保持と戦争放棄を定めるため、日本国憲法には、軍隊や宣戦布告、軍事法廷など、諸国の憲法に必然的に存在している諸規定がおかれていません。例えば、日本国憲法と同じように、「国際紛争を解決する手段としての戦争を放棄する」（イタリア憲法一一条）と述べて戦争放棄を明示しているイタリアでも、国際組織による平和活動を憲法に明示しており、戦争状態の国会の議決（七八条）や、大統領の軍隊指揮権・戦争状態の宣言（八七条九項）、軍事裁判所（一〇三条三項）のほか、兵役の義務（五二条）まで、憲法に規定をおいているのです。これは軍隊という実力組織を憲法によって縛るためのものです。

これに対して、日本では、当初から非軍事平和主義の立場が採用されていたために、自衛戦争のためであれ、戦宣布告や軍事法廷などの規定は全くおかれることはありませんでした。一九五四年に自衛隊が発足した後も、政府の解釈では、自衛力は戦力ではなく、自衛隊は軍隊ではない、という前提であったため、これらの規定を日本国憲法に書き込むことは必要ないとされてきたのです。しかし、集団的自衛権行使を認めて、同盟国のための戦争が可能になるとすれば、今後は、事情は変わってくるでしょう。

もし仮に、九条三項（もしくは九条の2）を新設して実力組織としての自衛隊を明記する場合には、この組織の態様や集団的自衛権発動条件等を現在のいわゆる安保関連法のもとで規律するほか、二〇一六年現在で世界第八位の防衛費と世界有数の装備を持つ実力組織としての自衛隊をコントロールするための諸規定を憲法上に置くことも必要になる、という議論が起こることが予想されます。もともと想定していない軍事組織を憲法上で容認する場合は、一般に考えられているほど簡単なことではなく、（本書八二頁以下でみる世界の憲法の類型においても、イタリアなどの第Ⅲ類型に近くなるため、）憲法に明示的なコントロール規定が必要となると考えられます。

このようにみてくると、やはり、今なぜ、わざわざ自衛隊を憲法に明記する必要があるのか、が問われてきます。もともと政府解釈ではこれまでも自衛隊は憲法上の（合憲の）存在であったわけですから、いま、突然、そのことを憲法に明記する意味は大きくありません。それにもかかわらず、国民投票などのリスクをあえて受け入れてまで、これを実行するからには、何か重要な意味が隠されているのではないか、と考えざるを得ないでしょう。実際、二〇一六年九月に集団的自衛権を認める安全保障法制が施行されており、同盟軍のための「駆けつけ警護」なども実施されています。そのような状況では、これまでとは違って、これからは、自衛隊員が戦火の犠牲になることも当然に予想されます。犠牲者が増えれば増えるほど、現在のような志願制では自衛隊員になろうとする若者が減り、例えば、必要人員を充足するために事実上の「自衛官強制徴集制」のような制度が創設される可能性があることなども、容易に予測できます。また、北朝鮮のミサイルに対抗するため、敵基地攻撃能力を備え、ひいては核武装まで射程に入れた政策が推し進められていく場合には、仮に違憲訴訟が提起されたとしても、自衛隊について憲法上の根拠規定があれば、それを前提として自衛隊法改正等を行うことは、合理的な立法裁量の範囲である、という合憲判決が出やすくなる、とも考えられます。また、砂川事件最高裁判決で示されたように、日米安保条約について統治行為論（本書五三頁参照）が採用されているところに、自衛隊の合憲化が完了すれば、防衛政策に対する司法的コントロールは不可能に近くなることが危惧されます。

九条改正発議との関係

そのほか、九条改正に関連して、下記のような課題もありますので、列挙しておきましょう。

（ⅰ）発議の態様について、現在の憲法改正手続に関する法律では、憲法改正の発議は個別に行うべきことが国会法六八条の三で定められています。「……発議に当たっては、内容において関連する事項ごとに区別して行う」と定められ、一括して「抱き合わせ発案」にならないよう特別な配慮がされています。裏を返せば、国会法を改正して、安易な方法で、明らかに賛成を得られやすい案文と「抱き合わせで」で発議される危険性が絶えず存在しているということを、改めて確認しておく必要があります。国民投票法の改正であれば大きな問題になるところ、国会法改正として安易に発議方法が改訂されないよう、監視が必要でしょう（本書二三二頁参照）。

（ⅱ）憲法改正は、国民から必要性が指摘されて議論が高まることが前提です。その点では、国民の多数が九条改正を望んでいないのに、政治家個人や政党の宿願を果たすために、与党が三分の二を超えている好機を捉えて発議するという発想は、本末転倒といえます。立憲主義に反する行為であるといえるでしょう。しかも、憲法改正発議にあたっては国民の大多数の賛同が必要です。二〇一七年一一月一二日、公明党の山口代表は、国会発議には衆参両院の三分の二以上の賛成が必要となる点に触れて、「それ以上の国民の支持がある状況が望ましい。国民投票でぎりぎり（改憲が承認される）過半数となれば、大きな反対勢力が残る」と述べました。憲法改正に関しては、国会の各議院の総議員の三分の二を超える国民の賛同が前提となるとの認識を示したわけです。まさに、選挙で与党が大勝したはずの現在でも、絶対得票率二五％で議席率七五％であるという状況を直視し、真に国民の大多数が改正を支持することが必要であるということです。

(iii) 現在の法律では、憲法改正のための国民投票の投票率の下限が設けられておらず、当日の天候や日程の設定の仕方によっては、極めて低い投票率で憲法改正が実現することが危惧されます。これからも、さらに諸国で多く取り入れられている最低投票率の設置などの法改正を検討すべきであると思います。最低投票率については、デンマーク憲法では四〇％と定めるほか、韓国では、投票率が有権者全体の五〇％に加えて、投票者の過半数の賛成を求めていますので、参考にすべきでしょう。そうでないと、絶対得票率二五％の与党などが発案して、仮に、投票率三〇％、有権者の一五％の賛成でも憲法改正が実現することなども可能になりますので、注意が必要です。（本書三三頁、辻村『比較のなかの改憲論』一九六頁参照）。

(5) 平和政策論についての熟議を

九条への自衛隊追加案は、一見、現状と何ら変わらないような外観を呈しながら、実際には、日本の今後の外交政策や軍備増強に決定的な意味を持つことがありうることはすでにみたとおりです。

現状と変わらないという宣伝とは裏腹に極めて重要な意味をもつことから、実際に、今後の平和主義をどうすべきかについて十分な議論が必要でしょう。これは、まさに、平和政策論の課題ですが（水島『平和の憲法政策論』参照）、実際には、実力組織としての自衛隊を統制するという観点から九条自衛隊追加論を批判することが不可欠です。また、日本国憲法の平和主義の特徴を世界に広めることによって、世界平和を達成するという展望のなかで、あるべき平和主義の在り方について提言することが重要な課題といえるでしょう。

日本国憲法の平和主義は理想主義的にすぎるといわれますが、軍事力をいかに強化しても、それで安心ということはありません。この問題は、それぞれ考え方が異なる点ですが、むしろ軍事力ですべてを解決できると考える方が非現実的であり、軍事力では解決できないのが現実であることを再確認すべきでしょう。

日本政府は、一九四七年に中学生向けの社会科教科書として『あたらしい憲法のはなし』（文部省）を刊行しました。そこでは次のように書かれていました（国立国会図書館デジタルコレクション参照）。「これからさき日本には、陸軍も海軍も空軍もないのです。これを戰力の放棄といいます。「放棄」とは「すててしまう」ということです。しかしみなさんは、けっして心ぼそく思うことはありません。日本は正しいことを、ほかの國よりさきに行ったのです。世の中に、正しいことぐらい強いものはありません。」と。このように書いたのは、いったい何だったのでしょうか。当時は、政府も、これこそ真実であると考えたからでしょう。もちろん米ソ冷戦など国際情勢の変化や、現在の北朝鮮の脅威など、日本を取り巻く状況が変化していることはいうまでもありません。しかし、一九四七年の段階では、政府は上記のように考えていたという事実や、第二次世界大戦に対する反省の必要性は、時代や状況が変わっても不変であるはずです。

さらに、「人権としての平和」や平和的生存権の重視こそが今後の方向性である、と考えることも必ずしも非現実的なことであるとは言えません。この考えについて補強するために、次項で諸外国の規定についてみておきます。比較憲法的な考察からすれば、世界的に軍縮が求められ、世界の大多数の憲法が平和規定を置くようになった今こそ、日本国憲法九条や平和的生存権の二一世紀的意義を再確認することが重要だということができます。現在では、パラオなど二七の国では軍隊を持たず、フィリピンやモザンビーク、コロンビアなど、世界中の多くの国の憲法のなかで、非核化の宣言や核兵器・化学兵器等の撤廃、世界の軍縮への支持を高らかにうたっています。――これらの世界の新しい憲法動向こそ、新しい時代の憲法の在り方を示すものといえるのではないか、と考えることができます。この意味でも、日本国憲法が、世界の平和主義の先頭に立ち、二〇一三年六月に国連人権理事会で承認された「平和への権利宣言」(United Nations declaration on the right to peace) を先取りするものであったことは重要です。

4 「人権としての平和」と平和的生存権論の展望

(1) 比較憲法からみた憲法九条の位置――世界の憲法の平和主義規定

一九四六年の日本国憲法制定時には、諸国の憲法は、侵略戦争の放棄を掲げていたにすぎませんでした。これに対して、日本国憲法は、戦力不保持と完全な戦争放棄を明示した点で、「世界に名誉ある地位を占める」画期的意味を持っていたといえます。しかし、その後、新たに独立したアジア・アフリカ・中南米諸国の憲法のなかに平和主義条項を持つものが増え、いまでは、成文憲法を有する約一九〇カ国のうち、戦争と平和に関連する憲法規定を持つ国が大半になってきました。ここには、核戦争や科学兵器の恐怖のなかで、武力によって平和を維持することが困難であるという認識にたって、世界の軍備を憲法によって抑制しようとする軍縮への意思と期待が込められているということができるでしょう。軍隊を放棄したコスタリカ憲法や永世中立国の憲法など、種々の平和条項を持つ憲法が存在しますが、おおむね以下の七つに分類することが可能です。

① 抽象的な平和条項を置く国――フィンランド、インド、パキスタンなど

一九九六年六月制定（二〇〇〇年三月施行）のフィンランドの新憲法第一章第一節では「フィンランドは、平和と人権保障、および社会の発展のために国際協力に参加する」と定めるとともに、国際的責務を定める第八章で大統領が戦争と平和を決する旨を明記しています。

また、インド共和国憲法（一九四九年制定）では、第四編の国家政策の基本原則に関する第五一条で、国の責務の一つとして、「国際平和および安全を促進すること」「諸国民との、正当にして名誉ある関係を維持すること」「国際間の紛争を仲裁により解決するように努めること」等を定めています。もっとも、第五一A条では、公民の義務として「国を防衛し、要請されたときは軍務に従事すること」を定めるとともに、第一八編第三五二条以下で非常事態に関する規定を置いているのです。パキスタンでも、一九七三年憲法第四〇条で「国際的平和と安全を促進する」努力を宣言して

おり、インドやパキスタンのように核兵器を保有する国でも抽象的な文言で平和を原則としていることがわかりますが、このことは、中国やロシアも同様です。

中華人民共和国憲法（一九八二年制定）は、前文で、堅持すべき五原則のなかに「主権と領土保全の相互尊重、相互不可侵、相互内政不干渉、平等互恵および平和共存」を含めています。また、ロシア連邦憲法（一九九三年制定）でも、前文で「人の権利および自由、普遍的平和および調和を尊重し」と記したうえで、祖国防衛の義務・兵役の義務（第五九条）、非常事態体制下の人権制限（第五六条）について定めています。

② 侵略戦争・征服戦争の放棄を明示する国——フランス、ドイツ、大韓民国など

侵略戦争・征服戦争の放棄を規定した憲法には、一七九一年のフランス憲法をはじめ、多くの憲法が存在します。なかでも第二次世界大戦後に制定された憲法では、フランス第四共和制憲法前文で「フランス共和国は、征服を目的とするいかなる戦争も企図せず、かつ、いかなる人民の自由に対しても、決して武力を行使しない」と規定したように、征服戦争を放棄した憲法が多いのです。フランスでは、現行一九五八年憲法前文で、一九四六年憲法前文を尊重すると宣言し、さらに憲法院がこれらに憲法規範性を認めたことで、征服戦争放棄規定は現行の憲法規範として存在しています。

ドイツでは、一九四九年制定のドイツ連邦共和国基本法第二六条第一項で、「諸国民の平和的共同生活を妨げ……侵略戦争の遂行を準備するのに役立ち、そのような意図をもってなされる行為は違憲である。これらの行為は処罰される」と定め、刑法典では第八〇条に侵略戦争準備罪を置いて、終身もしくは一〇年以下の自由刑を科しています。また、兵役義務等に関する詳細な規定を基本法第一二a条（一九六八年改正で追加）で定めており、男子については一八歳から軍隊等の役務を負うのに対して、女子については、一八歳から五五歳まで医療施設等で徴用できることのほか「女子にはいかなる場合にも、武器をもってする役務を給付してはならない」として戦闘部署での勤務を禁じていました。これに対して、女性電気技師から提訴があり、欧州裁判所がＥＵの職業平等法違反を認定したため、二〇〇〇年一二月に基本法が改正され、「女子は武器をもってする役務を義務付けられない」とされた経緯があります。

また、大韓民国では、現行一九八七年憲法第五条で「大韓民国は、国際平和の維持に努め、侵略的戦争を放棄する。国軍は、国家の安全保障と国土防衛の神聖なる義務を遂行することを使命とし、その政治的中立性は遵守される」と規定したほか、大統領の軍の統帥権（第七四条）や兵役義務（第三九条）に関する規定を置きました。

③　国際紛争を解決する手段としての戦争を放棄し、国際協調を明示する国――イタリアなど

イタリアでも、一九四七年憲法の第一一条で「イタリアは、他の人民の自由を侵害する手段および国際紛争を解決する方法としての戦争を否認する」と規定し、さらに「イタリアは、他国と等しい条件の下で、各国の間に平和と正義を確保する制度に必要な主権の制限に同意する。イタリアは、この目的を目指す国際組織を推進し、助成する」として国際機関への主権移譲等を認めています。このように、「国際紛争を解決する手段として」戦争を放棄したイタリア憲法には、自衛戦争等を想定した規定があることから、日本の第九条も、イタリアやエクアドルなどと同分類にする見解が

散見されます（西前掲『よくわかる平成憲法講座』一九三頁）が、イタリア憲法では、兵役義務（五二条）や戦争状態の決定（第七八条）等の規定が明示されているのに対して、日本国憲法では、このような戦争を前提とした規定がまったくおかれていないという点に、質的差異を認めざるを得ないでしょう（ただし、イタリアでは法律によって徴兵制の段階的廃止が定められました）。

なお、旧ハンガリー共和国憲法（一九四九年制定―一九八九年改正―二〇一一年廃止、ハンガリー基本法に移行）でも旧六条第一項で、「ハンガリー共和国は、諸国間の紛争解決の手段としての戦争を否定し、他国の独立または領土保全に対する武力の使用および武力による威嚇を行わない」とし、第二項で「ハンガリー共和国は、世界のすべての人々およびすべての国家との協調に努める」と宣言していました（他方、第二九条第二項では、大統領に軍隊の指揮権を認め第八章に「軍隊および警察」についての規定を置いていました。しかしこれらの規定は、二〇一一年のハンガリー基本法で変更され、ハンガリー防衛軍に関する新四五条が定められました）。

④　中立政策を明示する国――スイス、オーストリアなど

オーストリアでは一九二〇年憲法を改正した一九二九年憲法が基本的に現行憲法として機能していますが、一九七五年に第九ａ条に総合的国防目標規定が追加され、国防の任務のなかに「永世中立を擁護し防衛することである」と明記されました。永世中立の政策自体は、一九五五年に憲法と同等な憲法法律として「オーストリアの中立に関する連邦法律」が制定され、第一条に「オーストリアは、その対外的独立を永続的に維持するため、および自国領域の不可侵のために、自由意思により、自国の永世中立を宣言する」「オーストリアは、将来にわたりこの目的を確保するため、い

かなる軍事同盟にも参加せず、また自国領域内に外国の軍事基地の設置を認めない」と定められました。同時に、この憲法法律の承認を、外交関係を有する諸国に求め、永世中立国として国際法上承認されたのです。

一方、代表的な永世中立国であるスイスでは、オーストリアのように憲法上独立した規定のなかで永世中立が明記されているわけではありません。一九九九年まで一二〇年以上続いた一八七四年憲法では、「連邦参事会は、スイスの対外的安全ならびに独立および中立の保持のための措置を講じる」（一〇二条九号）と政府の権限・責務を明示し、さらに、連邦議会の管轄事項のなかに「スイスの対外的安全と独立・中立の保持のための措置、宣戦の布告および講和の締結」（八五条六号）を含める形で中立の原則を確認していました。反面、一九九九年制定の現行憲法（二〇〇〇年一月施行）では、憲法前文に「独立および平和を強化するために」という文言はあっても中立の言葉は使用されていません。ただし、旧憲法と同様に、「連邦議会は、スイスの対外的安全、独立および中立の保持のための措置を講じる」（一七三条一項a）、「連邦参事会は、スイスの対外的安全、独立および中立の保持のための措置を講じる」（一八五条一項）等の規定を維持した。反面、軍の規定についていては、旧憲法では「連邦は、常備軍を保持することができない」（一三条）としたうえで兵役義務に基づく邦の軍団等の組織を第一九条以下で定めていたのに対して、新憲法では、「スイスは、軍を持つ。軍は、基本的に、非専業原則に基づいてこれを組織する」（五八条一項）として、軍隊の保持を憲法上明示しています。

さらに憲法五九条で、「スイス人男性はすべて軍事役務を遂行する義務を負う。市民的代替役務については、法律でこれを定める」「スイス人女性については、軍事役務は自由意思に委ねる」として、性別により、扱いを異にしています。男性については、例外的にであれ、良心的兵役拒否者に対して代替役務を承認していることからしても、また、前述したドイツの二〇〇〇年の憲法改正にも関連して、兵役とジェンダーの問題は今後も検討を要するテーマとなると思われます。

なお、中立政策を採用して、憲法上に中立が示されている国には、ほかに、カンボジア、マルタ、モルドバなどがあり、外国軍の駐留の禁止も明示されています。

⑤　核兵器等の禁止を明示する国——パラオ、フィリピン、コロンビアなど

核兵器の恐怖を踏まえ、核軍縮の国際的機運が生じた一九八〇年代以降に制定された太平洋沿岸諸国、中南米諸国等の憲法には、核・生物・化学兵器の禁止を明記したものが登場しました。

南太平洋のパラオでは一九八一年施行の憲法Ⅱ三条で非核条項を規定しました。一九八七年制定・施行のフィリピン共和国憲法は、国策としての戦争の放棄と「核兵器からの自由」を宣言しました（二条二・八節）。また南米のパラグアイでは一九九二年の憲法第八条二項で、コロンビアでは三八〇カ条からなる一九九一年憲法の第八一条一項で、「化学兵器、生物兵器または核兵器の製造・搬入、所有・使用は、核と有毒廃棄物の国内持ち込みと同様に、禁止される」という規定を置きました。さらに同七九条では「健康な環境を享受すべき権利（環境権）」を定めており、平和の維持が環境権の観念と結び付いていることが注目されます。これこそ、二一世紀の世界の憲法課題を示すものといえるでしょう。

⑥ 軍隊の不保持を明示する国——コスタリカなど

軍隊を持たない国として注目されているのが、中米の小国コスタリカです。近隣諸国で紛争やクーデターが絶えない地域にあって、コスタリカは、一九四九年一一月七日制定の憲法第一二条で、以下のように規定して常備軍を廃止しました（その後の憲法改正後も本条は不変）。「1 常設制度としての軍隊は破棄される。警備および公共秩序の維持のために必要な警察隊が設置される。2 大陸協定によるか、もしくは国の防衛のためにのみ、軍隊を組織できる。いずれの場合においても、軍隊は文民の権力に服する。軍隊は、個別的であると集団的であるとを問わず、評議をし、政見あるいは宣言を発してはならない。」

このように、憲法第一二条では、大陸協定（米州機構、米州援助条約等）の要請、または自衛の必要があるときは、軍隊の保持も可能とされています。ただし、実際には、コスタリカでは七〇年もの間、軍隊は設置されず、治安と国境警備にあたる市民警察隊（Civil Guard、警察隊 Police Force の別名）が設置されています（二〇一五年現在、人口約四八〇万人に対して、警察隊約八〇〇〇人、そのうち武装警察約四四〇〇人といわれています）。憲法上、自衛のための軍隊を保有できるにもかかわらずこれを設置しなかったコスタリカでは、教育・福祉予算の比率を高めることができ、識字率・平均寿命等において途上国では最高水準を維持してきました。さらに、一九八三年にモンヘ大統領が非武装・中立宣言を行い、一九八七年に中米紛争（ニカラグア・エルサルバドル紛争等）解決と中米和平に貢献したとして、次期のアリアス大統領がノーベル平和賞を受賞しています。

以上のように、憲法条文よりもむしろ、その平和主義の実践において、コスタリカが注目を集めているといえます。また隣国パナマでも、「パナマ共和国は、軍隊を保有しない」としつつ、「すべてのパナマ人は、国家の独立と領土の保全のために武装することが求められる」（一九七二年制定一九九四年改正のパナマ共和国憲法三〇五条・現三一〇条）という規定を置いています。

今日では、軍隊を持たない国が世界に二七カ国あることが知られており、その平和主義の実践と課題を、今後も学ぶ必要があるといえるでしょう（前田『軍隊のない国家――二七の国々と人びと』参照）。

⑦　戦争放棄・戦力不保持を明示する国――日本

以上のような検討からすれば、憲法の条文上で戦争放棄と戦力不保持をともに明示する国として、日本が、他国とは異なる位置にあることが理解されます。諸国の憲法における平和条項を比較しても、徴兵や宣戦布告等についての規定を持たない日本のそれが徹底した平和主義を採用するものであることを否定することは困難であると思われます。

しかし、いうまでもなく、実態は憲法規定から大きくかけ離れています。二〇一六年度防衛費の額では世界第八位にあり（ストックホルム国際平和研究所〈SIPRI〉調査による。https://www.sipri.org/sites/default/files/Trends-world-military-expenditure-2016.pdf）アメリカ、中国、ロシア、サウジアラビア、インド、フランス、イギリス、日本の順です。れっきとした軍隊としての自衛隊が、日米安全保障条約のもとで海外派遣され、二〇一六年の新安法制、北朝鮮のミサイル攻撃に対する迎撃ミサイル装備のために、二〇一八年予算では、防衛費が五・三兆円を超えているのが実情です。政府解釈やこの実態を加味すれば世界で唯一の類型に位置づけることは不可能となりますが、憲法条文上の比較の意義も忘れてはならないでしょう。最近では、憲法規範と実態がかけ離れてしまったから憲法を改正して実態にあわせるべきだという議論が強まっていますが、立憲主義の観点から考察することが必要です。少なくとも、世界の多数の国が平和条項を憲法に明記し、非核や軍縮の方向性を明らかにしている現在であるからこそ、日本国憲法がその最も徹底した理想型を世界に示していることの意味を重視すべきです。

とくに、前文で平和的生存権を明示したことの先駆的・国際的意義は非常に大きいものです。ご承知のとおり、現在では、国連でも、人間の安全保障や「平和の権利」を重視しており、戦争こそが最大の人権侵害である、という観点からの軍縮を目指しています。

この意味では、二〇〇八年四月一七日のイラク派兵違憲訴訟名古屋高裁判決の意義は大きいと考えます。また、平和的生存権こそ、第三世代の人権、ないしは二一世紀的な第四世代の人権と呼ばれるにふさわしい権利であるといえます（後述）。

また、例えば日本国憲法の「理想」を現実にするための世界の地方自治体の試みである「平和首長会議（Mayors for Peace）」に加盟している都市は、二〇一七年九月一日現在、一六二カ国、七四三九都市、日本国内の加盟都市数一六八三に及んでいます（http://www.mayorsforpeace.org/jp/ 参照）。このことは、世界的な軍縮の広がりや国際人権法の展開のなかでも承認されていることです。二〇一七年度のノーベル平和賞が、国際ＮＧＯ「核兵器廃絶国際キャンペーン（ＩＣＡＮ）」に授与されたことも無関係ではありません。ノーベル委員会のベリト・レイス＝アンデルセン委員長は、「私たちは、核兵器使用の危険が、ここしばらくなかったほど高まっている世界に生きています」と述べ、核保有国に対して核兵器の段階的な廃絶に向けた交渉を開始するよう呼びかけました。実際、二〇一七年七月七日に国連の核兵器禁止条約が一二二カ国の賛成によって採択されました。反面、米英など核保有が知られている九カ国はいずれも賛成せず、唯一の被爆国である日本も核の傘に入っていることを理由に参加しなかったのは残念なことでした（http://www.unic.or.jp/news_press/info/25081/）。

(2) 平和主義政策の「現実論」

日本国憲法のいわば絶対平和主義については、現在の世界情勢を背景に、さまざまな立場があり、考え方が異なることは当然のことです。

二〇一七年一二月現在の日本政府（第四次安倍政権）の立場は、すでに述べたように、①従来の政府解釈（「武力・戦力に至らない自衛力、最小必要限度の専守防衛の範囲での自衛隊、自衛戦争の容認」）に集団的自衛権の容認を加えたものです。自民党内には、このほかに、②二〇一二年憲法改正草案に定めた「国防軍明記案」の立場（九条二項の削除により、自衛のための戦力や自衛戦争も容認する立場）があります。与党および野党の一部には、③九条の改定について否定はしないが、むしろ文民統制等を加筆するという立場もあるようです。これに対して、共産党・社民党のように、④憲法九条の改正を全面的に拒絶する立場も存在しています。憲法学界の多数は、⑤九条二項全面放棄説（従来の通説）の立場に立ちつつ、仮に必要最小限の自衛力の行使を認めるとしても、集団的自衛権は違憲と解する立場であり、政策として、まずは従来の個別的自衛権のレベルまで引き戻したうえで、新たな「平和政策学」を追究しようとするものが主流のようです（水島『平和の憲法政策論』二一六頁以下参照）。

さらに憲法学では、このような九条を活かした平和主義政策を進めるため、その基礎原理として、「人権としての平和」論や平和的生存権の活用など、人権論のなかでの展望を認めようとする立場があります。私見もこれに近い考えですので、以下では、平和的生存権を中心とした議論をみておくことにしましょう。

(3)「人権としての平和」論の展開

平和の問題を人権の視点から捉える試みとして、日本国憲法前文の「平和的生存権」が注目されています（辻村『憲法から世界を診る』第一章参照）。それは、二一世紀を真に「人権の世紀」にするには、最大の人権侵害行為といえる戦争を廃絶し、世界の平和を実現するための課題を検討しなければならないと考えるからです。そのためには、従来のような「国家権力の発動としての戦争」、その否定としての平和という見方ではなく、平和と人権との関係に焦点を当てて「人権としての平和」として理論構築する必要があります。日本の憲法学界では、一九六〇年代から憲法前文に定められた平和的生存権に焦点が当てられ、その後、一九九〇年代後半から、一三条をもとに生命権に基礎を置く理論構成が提示されてきました。

また、国連を中心としたいわゆる国際人権法の土俵でも、一九六八年のテヘラン世界人権会議、一九七九年の女性差別撤廃条約、一九八五年の「ナイロビ将来戦略」等の国際文書のなかで、平和と人権の相互依存関係が確認され、国連の「人民の平和への権利」に関する決議（一九八五年）や「人間の安全保障」論につながりました。例えば、女性差別撤廃条約前文の第一〇パラグラフ以下では、平和が男女の権利の完全な共有に不可欠であることを確認することによって、「平和なければ人権なし」の原則を明示しました。また、「ナイロビ将来戦略」では反対に、「平和は……すべての基本的人権の享受により……促進」される、と述べて「人権なければ平和なし」の原則を再度明らかにし、平和の概念について重要な示唆を与えました。

「平和への権利」の展開と平和的生存権の意義

日本国憲法前文の「平和的生存権」は、ルーズヴェルトの「四つの自由」の教書（一九四一年）や大西洋憲章に依拠したと考えられています。しかしこれらの文書では、欠乏・恐怖からの自由と平和的生存を掲げるだけであったのに対して、ヒロシマ・ナガサキの経験を踏まえて制定された一九四六年の日本国憲法前文では、「全世界の国民が、ひとしく恐怖と欠乏から免かれ、平和のうちに生存する権利を有する」として平和的生存権を権利として確立しました。この点で、国際条約における「平和への権利」論の先取りとしての意味を認めることができるでしょう。

さらに日本国憲法では、国際条約上の「平和への権利」が自衛戦争の放棄をも含めた戦争の全面否定に基づいていないのと異なって、憲法九条で戦争の全面放棄と非武装を掲げたことによってその意味内容が具体化されています。こうして、前文と九条が結合されることによって、日本国民の政府に対する平和請求権・戦争拒否権としての（狭義の）「平和的生存権」が保障されたと解することができます。そのうえ憲法第三章一三条の生命権・二五条の生存権等の保障と相まって、その権利が、「平和で安全な環境のなかで、健康で文化的な生活を送り、生きる権利」として、広範な外延をもつことになりました。これによって、核兵器の使用・持込み・製造などを拒否し、さらには原子力政策に関わるリスクによって生命や生存を脅かされない安全な環境の維持を要求する権利、という側面も含まれると解することができます。

反面、憲法前文では、平和的生存権の主体が「全世界の国民」とされているため、実定憲法下の裁判規範性を消極的に解させる傾向にもつながり、権利主体や権利内容をめぐって多くの理論的課題が残存することになりました。そのため、従来の憲法学説では、前文自体や平和的生存権の裁判規範性を否定する見解が多数でしたが、最近では肯定説も有力です。肯定説は、この権利を法的権利として捉える立場ですが、法的根拠や主体については見解が分かれています。判例では、前述の長沼ナイキ基地訴訟一審判決（本書五四頁）やイラク派兵違憲訴訟控訴審判決（後述）が裁判規範性を認めた以外は、長沼ナイキ基地訴訟控訴審、百里基地訴訟一審・控訴審・上告審などいずれも裁判規範性を認めてきませんでした。これらの根拠は、おもに抽象的概念であることや前文の裁判規範性の否定でしたが、今日では、とくに二〇〇八年四月一七日のイラク派兵違憲訴訟名古屋高裁判決（判例時報二〇五六号七四頁、辻村他編『憲法基本判例』尚学社、二〇一五年、四三六頁以下参照）の出現によって、説得力を失いつつあるようにみえます。

イラク派兵違憲訴訟は、レバノン駐在の特命全権大使であった原告が、国に対して、イラク特措法に基づいてイラクに自衛隊を派遣したことが憲法九条に違反するとして、違憲の確認と派遣差止め、さらに平和的生存権の侵害として、国家賠償法による損害賠償一万円を請求した事例です。一審の名古屋地裁判決は、確認と差止めの訴えは不適法として却下し、損害賠償請求については請求を棄却したため、控訴されました。名古屋高裁判決（青山裁判長）は、結論は、原審と同様であるため控訴を棄却しましたが、理由のなかで、平和的生存権の裁判規範性を認め、イラク派兵の違憲性を認めた画期的なものでした。

この判決では、平和的生存権を「すべての基本的人権の基礎にあってその共有を可能ならしめる基底的権利」とし、「具体的権利性が肯定される場合がある」と認めたことに大きな意義が認められます。判決は、「憲法九条に違反する戦争の遂行等への加担・協力を強制されるような場合には、……裁判所に救済を求めることができ……その限りで、平和的生存権には具体的権利性がある」と明確に指摘しました。ここでは、抽象的概念であること等を根拠に権利性を否定してきた従来の見解について「平和的生存権のみ、平和概念の抽象性等のためにその法的権利性や具体的権利性の可能性が否定されなければならない理由はない」として一蹴している点が注目されます。

また、上記のような理解を前提にすれば、法的権利性も裁判規範性も認めることが可能と思われます。この裁判で鑑定意見書を提出した小林武教授も指摘するように、前文で平和的生存権を定め、九条で平和の内容を確定したうえで「この平和主義の理念が［憲法］第三章の掲げる基本的人権の意味を指導するという構造」が、明らかにされつつあるといえるでしょう。

平和的生存権の権利構造

平和的生存権は、それ自体が人権として定立されているために、平和の問題を人権論に組み込むための重要な概念です。世界の平和主義に理論的基礎を与えるものとして、今後も重要なポイントであり続けると思われます。これは、国家が戦争を開始した場合の国民の差止請求権としての「平和確保に対する国民の権利」や、国家のために他国の人民の生命・身体を傷つけさせられない権利、すなわち「国家によって人殺しを強制されない権利」、あるいは、思想・良心の自由に基づく良心的兵役拒否の権利などとして構成することができるからです。

もっとも、憲法学説では、平和的生存権の法的権利性については、消極説がなおも多数であり、さらに法的権利性を承認する積極説でも、その法的根拠について見解が以下のように分かれています。①前文を主たる根拠とする見解、②九条が客観的な制度的保障の意味を持つとして九条を根拠とする見解、③憲法前文・九条のほか一三条、憲法第三章の諸条項によって複合的に保障された権利として捉える見解、④前文を直接の根拠規定としたうえで一三条・九条を含めて広く捉える見解です。私見では、日本国憲法に明記されている以上、その法的権利性を承認して「平和的手段によって平和状態を維持・享受する権利」と解し、根拠については③ないし④説を妥当と考えています。ただしその場合には、憲法前文が「全世界の国民」の権利とした平和的生存権（広義）と、（前文と結合した）九条・一三条から抽出される個人の実定的権利としての平和的生存権（狭義）との分離が必要となります。

核時代の現代にあっては、一国の起こした戦争や核兵器開発（および、それに伴う事故）等によって、地球規模の破滅や全世界の諸国民の虐殺を招来することが可能であり、そのゆえ一層、「全世界の国民」を権利主体とした広義の平和的生存権の意義が大きいといえます。実際に、このような悲惨な事態に遭遇しないよう、国際連合や国際法が大きな役割を果たしており、各国の戦争や核兵器、あるいは原子力の利用方法について国際的に監視し、要求するのは当然のことです。このように考えれば、世界的・人類的規模の視点にたった広義の平和的生存権を日本国憲法前文に掲げたことは（一部の論者がそれを理由に前文の裁判規範力を否定するのとは裏腹に）、現代においてこそ、必要性・妥当性を有するものということができるでしょう。

また、狭義の平和的生存権については、九条の戦争放棄規定のほか、日本国憲法一三条の生命・自由・幸福追求に対する個人の権利や二五条の生存権、環境権などの保障と一体化して捉えることにより、日本国民ないしは個人（国内に居住する外国人も含む）を権利主体として捉えることが可能となります。戦争の全面的放棄を前提とする生命・自由への侵害の排除と平和的環境の維持、平和的環境での生存を請求する権利等を主たる内容とする権利（自由権的性格と請求権的性格をあわせ持つもの）として、その構造を理解することができるでしょう。

同時に、憲法一三条の解釈にあたっても、前文の「平和的生存権」と九条の戦争否定の内容と整合的に解釈することが要請され、「公共の福祉」の内容に国防・有事への対応等を含ませることで人権制約を正当化することは許されないと解すべきでしょう。

日本の憲法学説では、平和的生存権の主体について、（a）国民・個人と解する立場、（b）民族とする立場、（c）個人と民族の両者と解する立場がある、と解されてきましたが、上記のような広義・狭義の区別を加えることで、権利主体も明確にすることができると思われます。すなわち広義・狭義に区別する私見を前提とすれば、狭義の平和的生存権について、これを個人の権利と捉える（a）説が妥当となると思われます。

(4) 憲法二五条・一三条と生存権・環境権・生命権――諸権利の関係

平和的生存権の周辺に位置する種々の人権(「外延」)についても、「人権としての平和」論構築の観点から明らかにすることが必要となります。この点では、例えば、一三条から(侵害排除請求権としての)生命権、幸福追求権、環境権、二五条から(社会権＝請求権としての)生命権、環境権、生存権が導き出せるでしょう。このほか、一四条・二四条の平等権、一九条(思想良心の自由)・二〇条(信教の自由)から良心的兵役拒否権、国家により殺傷を強制されない権利、信仰に基づく平和希求、二一条(表現の自由)から国家の行為に対する批判の自由等、三一条以下の適正手続保障、さらに一五条の参政権の保障から、主権者の意思決定権行使による平和と安全の維持、主権者国民(市民)の権利としての平和・安全維持権等を主張・構想することも可能となるでしょう。以下、生存権・環境権・生命権について検討しておきます。

生存権・環境権・生命権

① 生存権――その比較憲法的・憲法史的意義

生存権は、「第二世代の人権」といわれる社会権の中心をなすものですが、歴史的には、ワイマール憲法(一九一九年)によって、「経済生活の秩序は、すべての人に、人たるに値する生存を保障することを目指す正義の諸原理に適合するものでなければならない」(第一五一条)と定められました。この憲法では、すべてのドイツ人に「経済的労働によってその生活の糧を得る機会」や「必要な生計のための配慮」を保障していましたが(第一六三条)、当時は判例・通説によってプログラム規定と解され、憲法上の社会権が実効的に保障されたわけではなかったのです。現行のドイツ連邦共和国基本法では、第二〇条で「ドイツ連邦共和国は、民主的で社会的な連邦国家である」と定め、第二八条で「ラントにおける憲法的秩序は、……共和的・民主的・社会的な法治国家の諸原則に適合していなければならない」として、社会国家の理念を表明するにとどめ、生存権規定は置いていません。

他方、第二次大戦後のフランス一九四六年憲法の前文では、数多くの社会権規定を置きました。「国は、個人および家族に対して、それらの発達に必要な条件を確保する」、「国は、すべての人、とりわけ子ども、母親、老年の労働者に対して、健康の保護、物質的な安全、休息および余暇を保障する。その年齢、肉体的・精神的状態、経済的状態のために労働しえなくなった人はすべて、生存にふさわしい手段を公共体から受給する権利を持つ」として、生存権に基づく生活保障受給権や、国の義務を定めました。このほか「国は、全国的な災禍から生じた負担について、すべてのフランスの連帯と平等を宣言する」として連帯の観念を強調し、公教育の無償や機会均等の保障、庇護の権利なども保障しました。このような一九四六年憲法前文は、現行の一九五八年憲法前文を介在させることによって、現行憲法としての規範性が認められています。

一九四七年制定のイタリア憲法でも、第二九条から四七条までに豊富な社会権規定がおかれ、とくに家族の保護、子に対する親の権利・義務、婚外子の保護、健康権の保障などが定められました。

これに対して日本では、一九四六年二月の憲法草案制定過程では、ベアテ・シロタ作成の原案に、妊婦や子どもの医療費の無償や社会保障の確立についての規定がおかれましたが、多くが小委員会の段階で削除された後、マッカーサー草案二四条（当時）に社会保障の確立が定められました。同年六月に衆議院に提出された草案でも社会保障制度について定められただけでしたが、同年七月二日の帝国議会での委員会審議で、社会党の黒田寿男議員が、権利としての生存権の規定を要求しました。また、社会党の草案に「すべて国民は健康にして文化的水準の生活を営む権利を有する」を掲げており、同年八月一日からの憲法改正小委員会（芦田委員会）で、森戸辰男議員らが、具体的規定の挿入を要求し、八月二一日の小委員会で決定されました。こうして同年八月二四日の衆議院本会議で第二五条に移され、貴族院でも認められて、生存権規定が成立しました。

憲法制定直後の学説では、民法学者の我妻栄の論文「基本的人権」や著書『新憲法と基本的人権』（憲法普及会編、新憲法体系、一九四八年）のなかで自由権的基本権と生存権的基本権を区別して後者を重視しました。しかし権利の性格については、国家の政治的・道義的義務にすぎない、というプログラム規定説が主流となりました。

憲法学界では、一九六〇年の朝日訴訟一審違憲判決以後、抽象的権利説が通説になりました。これは、国に法律や予算を通じて生存権を保障する法的義務があると解する見解です。法律の存在を前提とし、憲法二五条自体からは請求権は発生しないという考え方であり、法律が不十分である場合に違憲とできないなど限界がありました。これに対して、具体的権利説は、立法府不作為の違憲確認訴訟が可能となると解するものですが、少数説にとどまっています。

判例は、一九六七年の朝日訴訟最高裁判決で、プログラム規定説に近い立場（ただし、司法審査を認めていることから抽象的権利説とも解し得る）が示され、広い行政裁量が認められました。また堀木訴訟最高裁判決等によって広範な立法裁量が認められ、最高裁では違憲判断を求めることが困難な状況が続いてきました。

しかし、このような学説判例の展開にもかかわらず、生存権訴訟には、特別の機能があるようにみえます。二〇一一年五月二日の朝日新聞記事（高見勝利執筆）が指摘しているように、戦後の復興のシンボルのような位置付けにあったからです。実際に、朝日訴訟や堀木訴訟など、全国患者同盟や障害者の団体など、いわば、社会的弱者が立ち上がって訴訟を支援し、自分たちの力で、生存権を実現しようとして点で特徴があります。また、その過程で、朝日訴訟の第一審浅沼判決など、下級審の裁判官たちも、憲法の生存権の実現に向けて前向きに取り組んだ経緯があります。このように、判例・通説にもかかわらず、憲法二五条の趣旨、生存権の現代的意義を重視して、国家に対して、立法や法の執行を要求してゆく、運動論的な原理が内包されているといえるでしょう。

したがって、震災復興支援についても、「二五条だけで必ず再建を支援しなければならないという指針は得られない」という問題があるにせよ、二五条の定める「健康で文化的な生活」の保障を目指して国家が生活再建まで支援できるように、主権者が立法を促すことは可能です。現行法律が不十分な場合、または立法不作為が認められる場合には、法律や立法不作為の違憲確認、さらには損害賠償を求めるという訴訟も重要な意味を持つと思われます。今後は、二五条の精神を十分に実現できるように、立法府等に働き掛け、監視することが重要になるでしょう。

とくに、二〇一一年三月一一日の東日本大震災・津波被害発生後、避難生活が七年以上にも及んだこと、当初の食事や生活物資の給付、避難所の間仕切りなどプライバシーを確保する措置の不備などを考慮するならば、先進国として恥ずべき水準の対応であり、国際人権保障の観点からしても、憲法二五条違反の対応であったことが指摘されています。なかでも女性被災者のプライバシーへの配慮や、妊娠中の女性や子育て中の女性への配慮の欠如（粉ミルク、生理用品等の物資の不足）が顕著でした。それを指摘し、実際に配慮する行政機関・公的機関の不在、地方・地域の政治や地域生活の意思決定機関への女性の参画の欠如など、重視すべき問題は非常に多かったと言わざるを得ません。いずれにしても、震災被災者や原発事故による避難者の現状は、憲法二五条の保障に反する状況であることについて認識を新たにすべきでしょう。

さらに最近では、二五条を単独で社会権規定として捉えるのではなく、自由権的な性格をあわせ持った規定として捉える傾向があります。生活保護受給者の貯蓄や物品購入など、自律的な運用を認める傾向がこれにあたります。このような理解に立つ場合には、震災復興や放射能汚染の中で健康で文化的な生活を求める権利は、社会権として、具体的給付請求、違憲確認請求等を行うだけでなく、これを妨げる諸要因の除去（除染など）を、自由権としての妨害排除請求権の形で請求することも重要となるでしょう。

② 環境権――一三条と二五条を根拠規定とする新しい人権

憲法二五条は、生存権だけでなく、良好な環境を享受する権利としての環境権の根拠規定でもあり、この権利は、一三条と二五条の双方で保障されていると解することができます。

とくに日本では、一九六〇年代の高度成長期以降、大気汚染・水質汚濁・騒音・振動などの公害や環境破壊が進行したことをうけて、一九七〇年代以降しだいに環境権が権利として主張されました。大阪空港公害訴訟一審・控訴審判決等は「個人の生命、身体、精神および生活に関する利益は……その総体を人格権ということができ〔る〕」として、憲法一三条の人格権を認めましたが、最高裁は環境権の援用に消極的な立場です。

学説では、これを憲法上の法的権利として承認する立場が近時では有力であり、「健康で快適な生活を維持する条件としての良い環境を享受し、これを支配する権利」のように解されています。このうち良好な環境の享受を妨げられないという側面では自由権であり、憲法一三条の幸福追求権の一内容としての人格権による理論構成が可能です。他方で、環境権を実現するには国や地方公共団体等の積極的な施策を請求する権利でなければならないため、その面では社会権として性格付けられます。このように、環境権の根拠を憲法一三条・二五条の一方もしくは両方に求める見解が存在し、(a)二五条根拠説、(b)一三条根拠説、(c)一三条・二五条競合説に分かれています。健康が害されない生活環境の保全という法的利益を前提として請求権的に構成する限りは憲法二五条を根拠とすることができますが、もともと一定水準の生活環境を維持し、形成することを幸福追求権の内容として捉えるならば、憲法二五条・一三条をともに根拠とする競合説が妥当といえるでしょう。

このような理解を前提とする場合には、福島第一原発による放射能汚染によって近隣住民や国民の環境権が害されたことを理由として、自由権としての妨害排除請求権のほか、社会権として、生活環境の保全のための給付や具体的対応策を求める権利（除染や事故対策を求める権利）を主張することができます。社会権的構成のみでは請求が困難になる場合も、併せて、自由権として健康が害されない良好な環境の保全を求める権利と構成することで、損害賠償が認定される可能性が高いといえます。判例でも、環境権概念を明示するか否かは別として、過去の損害については、近年の公害訴訟（新横田基地訴訟等）において高額の認定例が続いており、原子力発電所の建設差止を求める訴訟でも、志賀原発二号機の運転差止訴訟で「周辺住民の人格権侵害の具体的危険は受忍限度を超えている」として差止が認められた例があります。福島第一原発事故に対する損害認定や、各地の原子力発電所再開差止訴訟等でも積極的な判決が出されることが期待されます。

なお、国際法の観点からしても、海洋法などの国際環境法において国際環境の保護と保全のために種々の規制が存在しており、国家には「自国領域の使用に際して他国の領域や国際法上の権利を侵害しないように注意する義務を負うという『領域使用の管理責任』がある」と解されています。放射能物質の海洋投棄などによる国際的な被害の発生を防止する義務が国家にはあり、これを請求する権利を理論的・実践的に確立することが求められます。

③　生命権――国際規範として承認された固有の人権

憲法一三条は「生命、自由、及び幸福追求に対する国民の権利」が最大限の尊重を必要とすることを定めており、行政や立法は、国民の生命を守るために、防災や復興などを重視すべきと主張する場合の根拠条文になると考えられます。

前文の平和的生存権は、戦争等によって平和的な環境のなかで生きる権利を侵害されないことを内容とする権利と解することができるのに対して、一三条の生命権は、さらに、これを具体化して、安全な環境のなかで生きる権利を侵害されないことを内容とする自由権的な権利として構築することができるでしょう。

もっとも、憲法学の通説は、一三条後段の権利（生命、自由、及び幸福追求権）について、「人格的生存に必要不可欠な権利・自由を包摂する包括的な権利」と解し（佐藤幸治『日本国憲法論』成文堂、二〇一一年、四四三頁以下参照）、生命・自由・幸福追求権の三者の関係については、これらを区別せず統一的に包括的権利としての幸福追求権のように捉えてきました。しかし、最近ではおのおの異なる規範的内容を持つと解する見解も出現しており、とくに、すべての人権の核心に生命権をおく見解や平和的生存権を基礎づける意味で生命権を重視する見解（山内説）が注目されます。この見解では、国際人権規約自由権規約（B規約）六条、あるいはヨーロッパ人権条約二条など、国際人権保障および地域的人権保障の展開とともに、生命に対する権利が、とくに死刑制度との関係で、基本的人権として確立されていることが根拠の一つとされています（山内『人権・主権・平和』第一章参照）。

ここではさらに、一八歳未満の者の生命権について、日本も一九九四年に批准した子ども（児童）の権利条約六条が、「締約国は、すべての児童が生命に対する固有の権利を有することを認める（一項）」、「締約国は、児童の生存及び発達を可能な最大限の範囲において確保する（二項）」〈外務省訳〉のように保障していることを追加しておきます。

日本が批准しているこれらの国際人権規約や子どもの権利条約は、国民が生命権を主張する場合の法的根拠規定を構成するものであり、「生命に対する権利」はすでに国際的に承認された人権であることを示しています。

この生命権は、これまでは死刑廃止や子どもの権利擁護の観点のほか、戦争や平和的生存権との関係で「戦争によって生命を脅かされない権利」として捉えられて自由権的（妨害排除請求権的）構成が与えられてきました。しかし今後は、政府の原子力政策や核兵器製造・持込み・使用等によって、生命を脅かす危険を招来しないように請求する権利としての請求権的構成を明確にすることが求められており、権利の具体的内容を一層の明確化することが理論的課題となるでしょう。

にもかかわらず、このような国際世界や国内の動向に反して、二〇一二年の自民党改憲草案では、平和に関する現行憲法前文の第二段を大幅に変更し、日本が「国際社会において名誉ある地位を占めたいと思う」という決意表明も、平和的生存権を有することの確認についても、すべて削除しています。また第一段では、「政府の行為によって再び戦争の惨禍が起こることのないようにすることを決意し」という文章も削除しています。国際協調主義と平和主義についていかにトーンダウンしているか、また、「平和への権利」についての国際的人権保障の動向にもいかに無関心であるかが明らかとなります。

第3章

家族と人権——憲法二四条・一三条から「個人の尊重」を考える

憲法第一三条　すべて国民は、個人として尊重される。生命、自由及び幸福追求に対する国民の権利については、公共の福祉に反しない限り、立法その他の国政の上で、最大の尊重を必要とする。

憲法第一四条第一項　すべて国民は、法の下に平等であつて、人種、信条、性別、社会的身分又は門地により、政治的、経済的又は社会的関係において差別されない。

憲法第二四条第一項　婚姻は、両性の合意のみに基いて成立し、夫婦が同等の権利を有することを基本として、相互の協力により、維持されなければならない。

第二項　配偶者の選択、財産権、相続、住居の選定、離婚並びに婚姻及び家族に関するその他の事項に関しては、法律は、個人の尊厳と両性の本質的平等に立脚して制定されなければならない。

民法七五〇条　夫婦は、婚姻の際に定める所に従い、夫又は妻の氏を称する。

民法七七二条　婚姻の成立の日から二〇〇日を経過した後、又は婚姻の解消若しくは取消しの日三〇〇日以内に生まれた子は、婚姻中に懐胎したものと推定する。

1 世界の家族規定と二四条

これまで、憲法改正論の推移、憲法九条の運用などについてみてきました。これらの検討からは、日本国憲法施行から七〇年を経ても、立憲主義や平和主義という原則が必ずしも十分に定着してないのではないか、という疑いを禁じることができません。このことは、憲法一三条・二四条で保障される「個人の尊重」や家族についてもあてはまります。家族については一九九〇年代から学会報告や論文などで検討を続けてきましたが、ようやく二〇一六年四月に、これまで執筆した論文等をもとに『憲法と家族』（日本加除出版）という単著を刊行することができました。ちょうど、二〇一五年一二月一六日に、最高裁判決から家族に関する重要な判決が出され、法曹界や法学界では、大きな関心を集めていました。

そのうえ、同年七月の参議院選挙の結果、国会の改憲勢力が三分の二を超え、憲法改正が現実味を帯びてきました。二〇一二年自民党改憲草案（本書六〇頁）では、「家族は互いに助け合わなければならない」という規定がおかれ、個人主義的な原理とは反対の方に進んでゆく危険性が増しています。このような状況のもとで、家族をめぐって、広い視座から、学際的に、総合的に検討し直してゆくことが求められていると思います。そこで本章では、家族に関する憲法問題を理解するための前提として、家族の多面的な課題について、みておくことにします。以下では、歴史学・比較憲法学・憲法史学・憲法・民法の理論的視点、社会学の視点、男女共同参画政策の視点から検討してゆきます。

(1) 家族の定義と近代家族・現代家族

そもそも家族とは何でしょうか。辞書では、「夫婦とその血縁関係者を中心に構成され、共同生活の単位となる集団」、「近代家族では、夫婦とその未婚の子からなる核家族が一般的形態」などと書かれていますが、今では、ペットも家族と考える人がふえています。平成一三年度『国民生活白書』では、ペットも家族か、という質問に対して、「そう思う」「どちらかといえばそう思う」と答えた人の割合が六四・三％で過半数を超えていたそうで、最近の猫ブームも家族の多様化が背景にあるという新聞記事もありました。社会学では、学問的に家族の厳密な定義は不可能性であるといわれることも多く、家族の境界設定は、人によっても異なり、その基準は歴史的にも変化する、と説明されているようです。家族の役割の面でも、従来の社会学の理解のように、「生命や労働力の再生産、休息、性愛の充足などを機能とする集団」として理解していればそれでいい、という時代はおわったということでしょう。そこで、以下では、家族の歴史や、世界の憲法の家族規定などをみながら、憲法と家族法の関係や、憲法二四条の意義などについて考えてみたいと思います。

近代家族の特徴

まず、近代国民国家形成時の家族の二つの機能を確認しておきます。一八世紀末のフランス革命のころから、いわゆる近代国民国家が成立してきますが、そのときには、一面では、家族は、「国家による国民統合の装置」であるとともに、他面では、「国家権力の介入を防ぐ防波堤」の機能を果たしていました。国家対個人の二極構造の中間団体として、一方では国家によって一つの公序として法的に保護され、他方では、私的領域への権力不介入を確立した公私二元論によって、この二つの面を持った家族が存立し得たといえます。

そして、私的領域に定礎された家族の内部では、家長が家族を代表し、(寡婦を除いて)多くの場合、家父長が女・子どもを支配する家父長支配と性支配が確立されました。さらに資本制の進展によって、女性は、性支配と階級支配の二重のくびきのもとにおかれました。しかも、家族の問題を私的領域に押しこめたことで、女性の隷従が固定化し、隠蔽されたことは、フェミニズムが批判したとおりです。

このように、フェミニズムからの公私二元論批判は、女性が多く家事やケアなどの役割を担い、男性が公的な役割を担うという旧来の性別役割分業論に対する批判を超えて、近代家族の本質(近代家父長制のもとで女性が性支配をうけ、内なる差別が内包されていた特質)、を明らかにするものでした。実際、このような近代家族制度は、フランスのナポレオン民法典(一八〇四年)によって法的に確立され、二〇世紀まで影響を与えました。

ナポレオン民法典では、妻は夫の後見のもとにおかれ、固有財産の処分権や夫婦共有財産の管理権を否認されていました。貞操義務や離婚要件にも明白な不平等が存在し、夫は、妻の不貞を理由に離婚の訴えを提起し得たのに対して、妻は、夫が夫婦の住居に女性をひきいれた場合でなければ離婚請求はできませんでした。また、妻の姦通は検察官の請求で懲役刑を科せられたのに対して、夫の姦通は原則として不可罰、夫婦の住居に女性をひきいれた場合のみ罰金が科せられました。このような不平等はフランスでも二〇世紀まで続き、夫権が廃止されて妻が自己の固有財産の処分権を得るのは一九三八年、自由意思による協議離婚が認められるのが、一九七〇年代のことです。このようなフランスの民法は日本の戦前の民法に影響を与えました（辻村『ジェンダーと人権』五〇頁参照）。

現代家族から二一世紀家族へ

近代に確立された家父長制の本質は基本的に変わらず、女性が、資本制と家父長制の二重の拘束のもとにおかれる構造が維持されました。しかし、二〇世紀後半以降、現代憲法のもとで国家による家族の保護と男女平等が確立され、個人主義化傾向が進展するに従って、家族の公化・憲法化と家族の解体（家族の私化・個人化の徹底）という二つの局面が出現し、しだいに家族の変質が起こりました。

フランスでも、近代の家父長制に支えられてきた家族制度を解体する意味を持つ民事連帯契約法（PACS、通称パクス法）が一九九九年に制定され、婚姻関係以外の異性間および同性間の民事連帯契約による家族形成が認められました。同性カップルに婚姻類似の効果を及ぼすことをパートナーシップ法であるパクス法で定め、さらに二〇一三年には、同性婚法を認め、同性からなる親の資格（homoparentalité）を認めました。

このような傾向は契約と自己決定による家族形成の新しい形態を容認するものであり、契約としての家族、個人の幸福追求権や性的指向（セクシュアル・オリエンテーション）をも充足させる共同生活空間としての家族の位置付けが明らかにされました。家族を国家のための制度ないし秩序（公序）として機能させていた近代とは異なって、現代では、家族は、個人の幸福追求の場として捉えられるようになりました。

さらに、個人という観点からみた場合、性的指向や同性婚の問題など性的マイノリティの権利をめぐる課題、性別変更の問題、リプロダクティブ・ライツや生殖補助医療をめぐる課題など、家族に関する新たな課題がたくさん出てきました。家族が多様化した二一世紀の新しい人権問題ともいえます。

(2) 性的マイノリティの権利をめぐる課題

いわゆるLGBTについては、関心を持たれる方も多いと思いますが、性的指向の問題として、L(レズビアン)、G(ゲイ)、B(バイセクシュアル)の権利が問題となります。LGBの三つは、性的指向の問題ですが、Tはトランスジェンダーであり、一般に、性同一性症候群といわれる場合です。これは、日本でも、二〇〇四年の「性同一性障害の性別の取り扱いに関する法律」によって、戸籍上も、性別変更をすることが認められました。実際には、未成年の子がないこと、などの要件が厳しく、訴訟も起こっており、課題が残っています。最近では、LGBTIのようにI(インターセックス)を加えた言い方も多くなりました。国際的には、性的人権についての理解を進めるためにSOGI(Sexual Orientation & Gender Identity の頭文字を取ったもので、日本語ではソギ「性的指向と性自認」)という言葉が使われつつあります。

性的マイノリティについては、さまざまなパターンがあるのに対して、異性愛のみが、あたかも「正常」と考えられてきたことから、偏見や差別によるさまざまな問題が起こっている状況です。企業や大学などでも、ようやく最近、ダイバーシティ(多様性)の観点から取り組みが始められています。

同性婚とパートナーシップ登録

個人の性的指向を重視して同性同士の婚姻（同性婚）が法的に認められるようになったのも、近年の傾向です。二〇〇〇年のEU基本権憲章では、性的指向による差別禁止が明示され、オランダ、ベルギーなどを先頭に、欧州や南米を中心に同性婚を認める国が増えて、二〇一七年一二月末現在では二四カ国に及んでいます（オランダ、ベルギー、スペイン、カナダ、南アフリカ、ノルウェー、スウェーデン、メキシコ、ポルトガル、アイスランド、アルゼンチン、デンマーク、ウルグアイ、フランス、ニュージーランド、ブラジル、イギリス、ルクセンブルグ、フィンランド、スロベニア、アイルランド、エストニア、イギリス、ドイツであり、今後、台湾でも法律が施行されることに決まっています）。ルクセンブルグでは首相も同性婚をしていることが話題になりましたし、厳格なカトリックの国で二〇年前まで同性愛が犯罪とされていたアイルランドでも初の国民投票で承認されたことに注目が集まりました。

アメリカ合衆国でも、二〇〇四年以降一部州で同性婚が認められ、二〇一三年に合衆国裁判所が婚姻を男女の結合とする婚姻保護法（連邦法、DOMA）を違憲として同性婚容認の立場を示しました。このため同性婚を容認する州が増大し、国民の意識調査でも、二〇一〇年ころから、賛成が反対を上回って二〇一五年には六〇％になっていました。そして二〇一五年六月二六日、ついに合衆国最高裁は、婚姻の権利は個人の基本的権利で自己決定権であり婚姻の歴史は変化していることから、同性婚が憲法上の権利であることを認め、五〇州のすべてが認めるべきという多数意見を法廷意見として宣言して、同性婚を認めていないオハイオ州など四州の州法を違憲としました。この判決は五対四の僅差のなかでくだされ、四人の反対意見では、婚姻についての伝統的な定義が男女間のものであることや、性的指向の重視によって子の利益が損なわれる危険などが指摘されました（Obergefell v. Hodges, 135 S. Ct. 2584（2015））。

フランスでも、前述のように、婚姻とは異なる民事連帯契約（パクス）という制度を一九九九年に構築し、婚姻外の同性によるカップルにも法的な保護が与えられました。これに対して憲法院は合憲判決をくだし、留保付きで同法の憲法適合性を認めました。憲法院判決は、パクス契約に由来する共同生活が婚姻とは別のものであること、民法上の親子関係に影響を与えないことなどを理由に、家族や共和制下の法律婚を害さない範囲で、合憲と認めたにすぎなかったのです。それでもパクス法によって、同性カップルに法的な承認と保護が与えられたことによって、個人には、法律上の婚姻、パクス、事実婚（同棲、concubinage）の三つの選択肢ができました。その結果、法律婚以外の関係から生まれた婚外子（enfants naturels）は、五〇％を超えました。ただ、カップル共同で養子をとることや生殖補助医療の利用、共同親権の行使、氏の変更などは認められなかったため、これらの問題が次の課題となっていました。そして二〇一二年五月の大統領選挙によって社会党のオランド大統領が選出されたことから、二〇一三年五月一七日に「同性の個人にも婚姻を可能とする法律」が成立し同性婚が認められました。この法律は、「婚姻は、異性又は同性の両当事者間で締結される」と定義したのです。また、養親子関係等についても、同性婚を承認したことによって、同性婚カップルも、婚姻を要件に、共同で養子縁組をし、配偶者の子の養子縁組をすることができるようにしました。これによって、親権も、両親に帰属するように改正されました。民法以外にも、社会保障法や労働法に係る改正も実施されましたが、社会的な論争を巻き起こしていた生殖補助医療（とくに代理母の利用）問題は、同性婚カップルについて禁止されたままとなり、この点が課題として残りました。

なお、諸外国では、同性婚制度を導入することに先んじて、パートナーシップ登録制度を導入する国が多くなっています。パートナーシップ法は、デンマーク（一九八九年）、ノルウェー（一九九三年）、スウェーデン（一九九四年）、アイスランド（一九九六年）、グリーンランド（一九九六年）、ドイツ（二〇〇一年）等で認められ、いずれも、その後同性婚法制定に発展しました。これらの国の中には、首相がこの登録をしたアイスランドなども含まれます。パートナーシップ登録制度と同性婚制度容認との間には、デンマークで二三年、ドイツで一六年、ノルウェーで一五年、フランスで一四年間の差がありますので、社会の意識改革が進むのに、相当な年月を要したことがわかります。

このように、長い時間をかけて、結婚や家族が国家のためでもなく、人口政策のためでもなく、個人の幸福のためのものであることが明らかにされてきました。制度（公序）としての家族から契約としての家族、あるいは、個人の幸福追求権を実現する共同生活空間としての家族へ、という展開は、世界各国で認められています。

日本では、二〇一五年から、東京都の渋谷区や世田谷区、那覇市、札幌市、伊賀市、宝塚市などの自治体で、証明書を発行して、マンションを借りる際などの便宜を図る、という暫定的なパートナー登録の政策が行われています。しかしこれはまだ条例によるものであり、今後は、法律によって、全国的に、パートナーシップ登録ができる段階に進んでゆくものと思われますが、諸外国と比べて、まだまだ課題が多いことがわかります。

(3) リプロダクティブ・ライツをめぐる問題

ここでは、現代家族の課題の二つ目として、生殖補助医療に関する問題を指摘しておきます。生殖に関する自己決定権の問題も、最近では、新しい人権としての、リプロダクティブ・ライツの問題として、大きな課題になっています（詳細は、辻村『代理母問題を考える』参照）。

国連の一九九四年の世界人口開発会議カイロ宣言や、一九九五年の北京の世界女性会議などで、女性の権利として、「性と生殖に関する権利」として保障されるようになりました。これは、もともと、個人の自己決定として、産む、産まない、を女性が決めることができるという権利として、人工妊娠中絶を中心に議論してきました。その後、科学技術の発達によって生殖補助医療が著しく進展し、この技術を利用する権利、生殖補助医療の進歩の恩恵を受ける権利を有するのかどうかという問題が含まれるようになり、代理懐胎ないし代理出産の問題として議論が進んできました。

広義の人工生殖には「産まない権利」に関わる人工妊娠中絶と「産む権利」に関わる生殖補助医療とがあり、後者の生殖補助医療は、大まかに、精子を提供する人工授精型、卵子を提供して体外で受精する体外受精型（試験管ベビーといわれた型）と、第三者が懐胎して出産する代理懐胎型に分かれます。

いずれも、夫の精子か、第三者の精子を用いる場合でなどでさらに分類されます。今日では、非配偶者間の人工授精（ＡＩＤ）も大変増加しており、子の出自を知る権利などが問題になっています。体外受精の場合も、日本では一九八〇年代から増加して、二〇一六年九月の累計で、四三万人以上（うち二二万が凍結保存による）が出生していることが知られています。ここには、産まない権利だけでなく、産む権利、これは、代理母契約の禁止か許容かをめぐって、世界各国で対応が激しく分かれているところです。スイスでは代理母の禁止が憲法に明記されており、今や正真正銘の憲法問題になったといえます。「産む権利」、「子を持つ権利」や生殖の自己決定権（リプロダクティブ・ライツ）とは、一体誰のどのような権利なのか。女性固有の権利なのか、カップルの権利なのか、国家・社会はそして日本では代理懐胎にどのような制約を課すべきなのかなど、これらも大変難しい課題です。

代理出産の種類

体外受精は、女性側に原因のある不妊の治療法として、人為的に卵巣から採取した卵子を培養器の中で精子と受精させ、受精卵や胚を子宮や卵管に移植する方法です。提供された精子による体外受精、提供された卵子による体外受精、提供された胚の移植などさまざまな類型があります。

このなかには第三者の女性が不妊女性に代わって出産する代理出産（または代理懐胎）も含まれます。代理出産には、人工授精型（サロゲートマザー型）と、体外受精型（いわゆる借り腹、ホストマザー型）の二種類があります。（本書一一八頁、図表4参照）

いずれの場合も、「子が生まれた後に引き渡す約束で、子を持ちたい依頼者のために妊娠・出産する女性」を「代理母」と呼び、「子を持ちたい女性（依頼女性）が、生殖医療の技術を用いて妊娠することおよびその妊娠を継続して出産することを他の女性に依頼し、生まれた子を引き取るこ

図表4　代理懐胎（代理出産）の種類

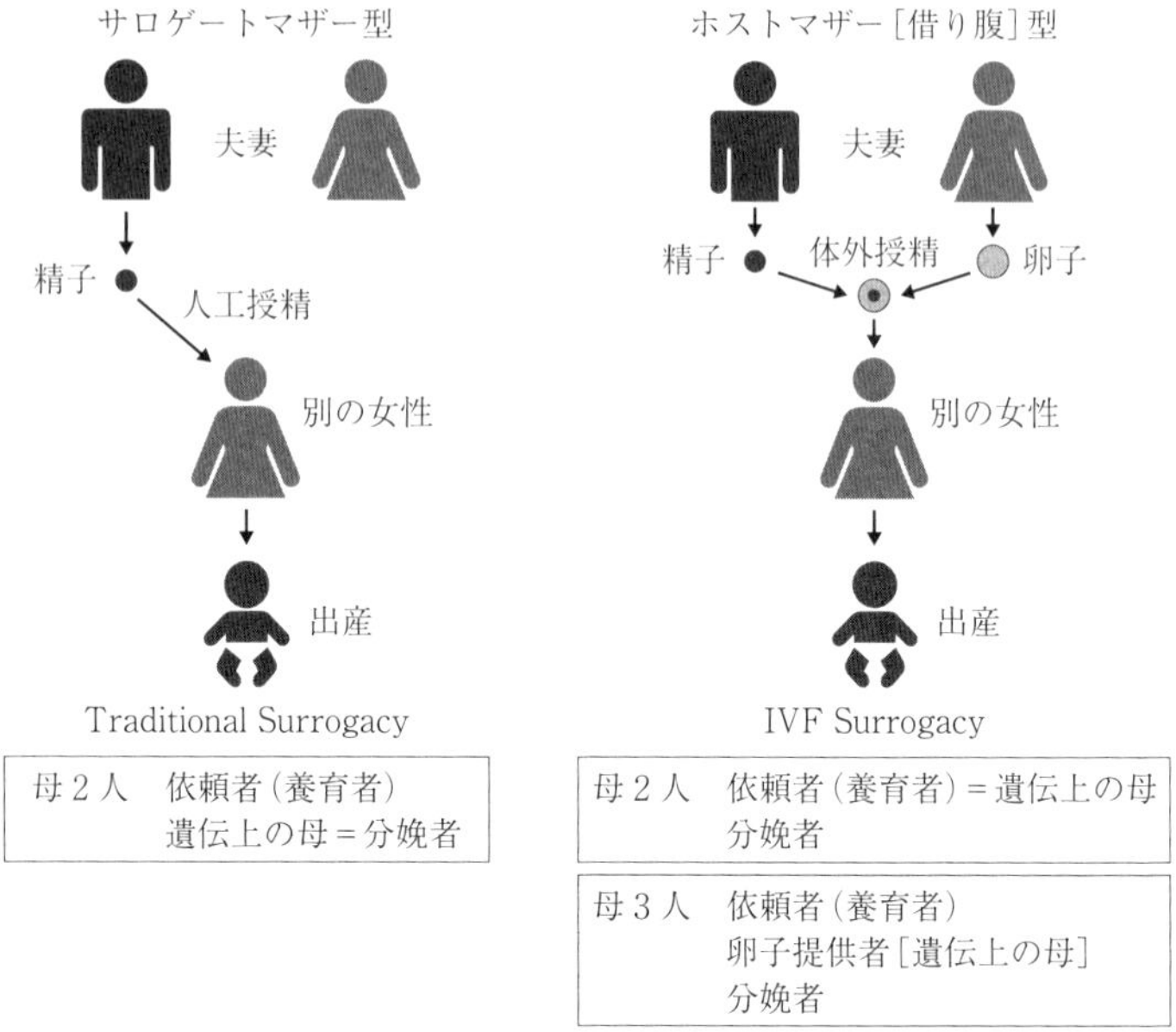

（出典）　辻村作成。

と」を代理出産と呼んでいます。

代理出産は、カップルもしくは個人の「子を持つ権利」の実現手段として位置付けることができますが、実際には、代理母契約をめぐるトラブル、外国で代理母が出産した場合の子の国籍や戸籍の問題、さらに出生前診断や減数手術、死後の凍結受精卵使用など、一義的に解決し得ない大変困難な問題が起こっています。ここには、依頼者女性と代理母の自己決定権・リプロダクティブ・ライツと子の人権（子の「出自を知る権利」など）、社会の公序良俗の在り方など、多くの問題が含まれます。

代理出産の許否

代理出産をめぐる規制について

は、①法律などによって代理出産を禁止する国「禁止国」、②法律などで定めて部分的に許容している国「(条件付)許容国」、③まったく規制していない国「無規制国」、④医療者などによる自主規制に任せる国「自主規制国」のように分類できます。

大まかに見れば、①「禁止国」に属するのは、スイス、ドイツ、イタリア、オーストリアなどです。スイスでは、国の基本法である憲法によって代理出産を禁止することを定めており、一九九九年制定・二〇〇〇年一月施行の憲法一一九条二項dでは、「胚の提供およびあらゆる種類の代理出産は、禁止される」と明示します。その他の国では、法律を制定して刑罰などをもって、これを禁止しています。

他方、②「(条件付)許容国」に属するのは、イギリス、オランダ、ベルギー、カナダ、ハンガリー、フィンランドなどであり、無償などの一定の条件のもとで、代理出産を認めています。例えば、部分的に、商業主義的なものは禁止するが、自発的なもの(好意によるもの、利他的なもの)を認める場合が多いようです。③「無規制国」は、国としては規制をせずに州に任せている国で、ここにはアメリカが含まれています。④「自主規制国」は、医学関係の学会などが自主的にルールを決めたり、ルールを決めたりしている国で、この分類では、日本は④に属します。

今日では、インドやタイなど、アジアの国々で代理出産がいわば生殖産業のように行われ、貧しい女性の身体を搾取していることが問題になります。実際、日本からもあっせん業者を通したツアーなどが問題になっています。

代理出産禁止論の根拠

日本産科婦人科学会の会告（二〇〇三年）で「代理出産の実施は認められない」としてきたわけですが、その理由は、①生まれてくる子の福祉を最優先すべき、②代理出産は身体的危険性・精神的負担を伴う、③家族関係を複雑にする、④代理出産契約は倫理的に社会全体が許容していると認められない、などでした。このほか、もちろん、女性を生殖の手段としてのみ扱う、という点で、母性イデオロギーも関係していますし、優生思想や商業主義を排除するという理由が重要です。

タレントMさんの事例で、東京高裁決定（二〇〇六〈平一八〉・九・二九民集六一巻二号六七一頁）ではネヴァダ州裁判所の決定を受け入れてもいい（外国判決承認の上で日本の民法を適用する余地はなく、実質的に公序良俗にあたらない）と判断しましたが、二〇〇七年三月二三日の最高裁決定（民集六一巻二号六一九頁）は、公序良俗に反する、と判断しています。

このように、日本の議論では、表面的には子の福祉を最優先するとしつつ、実際には、社会の利益や公序良俗が優先されているようにみえますので、今後も、議論していかなければなりません。幸福追求権としての「子を持つ権利」や生殖をめぐる自己決定権、リプロダクティブ・ライツの観点から、生殖技術を利用する側の権利と、子の側の権利（自己のアイデンティティを知る権利や胎児の生命権）および公共の利益とを調整するための十分な検討が求められます。

日本学術会議では、私もメンバーとして参加した「生殖補助医療の在り方検討委員会」で審議をし、二〇〇八年四月八日に対外報告書「代理懐胎を中心とする生殖補助医療の課題―社会的合意に向けて―」（http://www.scj.go.jp/ja/info/kohyo/pdf/kohyo-20-t56-.pdf）を公表したのですが、その後も、まだ法律ができていない状態です。立法化に際しては、禁止ないし制約を伴う場合にはその内容を明確化し、限界事例や条件・範囲・条件・環境等（カウンセリング、第三者機関等）を明示することが不可欠となると思います。

少なくとも、憲法上の「個人の尊重」、「個人の（人間としての）尊厳」という原則からすれば、フランスやドイツなどの諸国と同様に、生殖目的にかかわらない胚の不正利用や商業目的の利用、生殖細胞の人工的改変の禁止は問題なく認められると思います。また、代理母契約や婚姻外カップルの利用の是非についてはなお検討の余地があるにせよ、人権論の観点からすれば、不妊克服を目的とする生殖補助医療利用権や「子を持つ権利」を、憲法上保障された権利として認めることは理論上も十分に可能でしょう。

これらの権利の存在を前提的に（抽象的に）認めたうえで、具体的な権利制約の可否について、出生後の子の保護や母親の身体の保護の観点、あるいは生殖作用を商業主義から保護するという観点に立った検討や立法的対応が求められます。この点で、一定の事実婚のカップルにも二年以上の同居を条件に生殖補助医療の利用を認めるほか、細かな条件を定めるフランスの法制は、二〇一一年生命倫理法改正で問題になった論点を含め、参考になると思われます。胚の研究、匿名性の問題、子の「出自を知る権利」などは、いずれも日本ではまだ本格的に論究されていませんが、世界的にはすでに重要な課題になっています。

(4) 諸国の憲法における家族規定——比較憲法の視点から

日本の憲法規定の検討に入る前に、比較憲法の視点から、世界の国際人権条約や、主要国の憲法では、どのような家族規定があるのか、ざっとみておきます（傍線筆者）。

国連、EU等の条約の家族規定

① 女性差別撤廃条約（一九七九年採択）では、一六条で詳細に定められています。とくに（a）（e）（g）項は重要です。

「第一六条1 締約国は、婚姻及び家族関係に係るすべての事項について女子に対する差別を撤廃するためのすべての適切な措置をとるものとし、特に、男女の平等を基礎として次のことを確保する。
（a）婚姻をする同一の権利、
（b）自由に配偶者を選択し及び自由かつ完全な合意のみにより婚姻をする同一の権利、
（c）婚姻中及び婚姻の解消の際の同一の権利及び責任、
（d）子に関する事項についての親（婚姻をしているかいないかを問わない）としての同一の権利及び責任。（以下略）、
（e）子の数及び出産の間隔を自由にかつ責任をもって決定する同一の権利並びにこれらの権利の行使を可能にする情報、教育及び手段を享受する同一の権利、
（f）子の後見及び養子縁組……に係る同一の権利及び責任。（以下略）
（g）夫及び妻の同一の個人的権利（姓及び職業を選択する権利を含む。）
（h）無償であるか有償であるかを問わず、財産を所有し、取得し、運用し、管理し、利用し及び処分することに関する配偶者双方の同一の権利（2 略）」

②　欧州基本権憲章（二〇〇〇年採択）では、性的指向に基づく差別の禁止が明示されました。

「欧州（EU）基本権憲章　第Ⅱ-3条1. すべての人は、自らの肉体的および精神的一体性（integrity）を尊重される権利をもつ。（以下略）

第Ⅱ-21条1. 性別、人種、皮膚の色、民族的もしくは社会的出自、遺伝的形質、言語、宗教もしくは信念、政治的もしくはその他の意見、少数者への帰属、財産、出生、障害、年齢または性的指向等、すべての理由にもとづくあらゆる差別が禁止される。（2項略）」

各国憲法における家族規定

世界の憲法を、（A）社会主義国型、（B）資本主義国型、（C）発展途上国型の三つに分類することが一般的であり、日本は、Bの先進資本主義型の、社会福祉国家理念のもとにある憲法の体系に属することをまず指摘しておきます。

（A）社会主義国型憲法（および旧社会主義国憲法）では、中華人民共和国憲法（一九八二年制定、二〇〇四年最終改訂）では、四九条一項で、「婚姻、家族、母親および児童は、国家の保護を受ける。」二項で「夫婦は、双方ともに計画出産を実行する義務を負う。」と憲法に明記されています。この二項に規定によって、いわゆる「一人っ子政策」等の政策（現在では二人まで許容）も合憲の政策であると理解されています。

（B）先進資本主義国（社会国家）型憲法では、ドイツやイタリアの憲法の家族規定が特徴的です。

① ドイツ連邦共和国基本法では、六条で次のように定められています。

「1 婚姻および家族は、国家秩序の特別の保護を受ける。
2 子どもの育成および教育は、両親の自然的権利であり、かつ、何よりもまず両親に課せられている義務である。この義務の実行については、国家共同体がこれを監視する。
3 (略)
4 すべての母は、共同社会の保護と配慮とを請求することができる。
5 嫡出でない子に対しては、立法によって、肉体的および精神的成長について、ならびに社会におけるその地位について、嫡出子と同等の条件がつくられなければならない。」

② イタリア共和国憲法では、詳細に家族の権利を規定しています。

「二九条1 共和国は婚姻に基づく自然的共同体としての家族の権利を認める。
2 婚姻は、家族の一体性を保護するために法律で定める制限の下に、配偶者相互の倫理的および法的平等に基づき、規律される。
三〇条 1 子どもを育て、教え、学ばせることは両親の義務であり、権利である。子どもが婚姻外で生まれたものであっても、同じとする。
2 両親が無能力の場合は、前項の任務を果たすものを法律で定める。
3 婚姻外で生まれた子どもに対する法的および社会的保護は法律で定める。この保護は適正な家族の成員の権利と両立するものとする。(4項略)」

(C) 非西欧型・発展途上国型憲法では、インド、フィリピンなどは特徴ある規定を持っています。

①　インド共和国（一九四七年憲法）では、次のように、生活水準の向上のために国家が責務を有することを定めています。

「国が女性及び児童に対する特別規定を設けることを妨げない」（第一五条）

「国は、正当で人間らしい労働条件を保障し、母性を保護するための規定を設けなければならない」（第四二条）。「栄養水準・生活水準の向上のための国の責務を定める（第四七条）」。

②　フィリピン（一九八七年憲法）でも、次のように家族の保護が定められています。

「憲法第二条一二節　国は家族生活の絆を神聖なものとして認め、家族を社会制度の基本的かつ自発的単位として保護強化する。妊娠出産における母体と胎児には平等の保護が与えられる。」

国家による家族の保護

国家による家族の保護については、（ア）国民統合・国家統制のための保護（社会主義国型および明治憲法下の天皇制国家型家族、血族的共同体型家族の保護など）、（イ）発展と救済のための保護（途上国型）、（ウ）社会権（母子の健康等）を実現するための保護（社会国家型）、（エ）権利保障やパターナリズムに由来する国家介入・保護（子どもの保護やDV防止等、社会国家型）などの形態があり、区別が必要となります。このうち、日本国憲法は、Bの資本主義国型であり、家族は、自由主義や個人主義の原理のもとで個人の人権を保障し、個人の幸福追求のために、存在する、という考え方が基本になります。これが、日本国憲法二四条で、個人の尊厳と、両性の平等を旨として、家族法制が法制化されなければならない、と定められた所以です。そこで、日本ではおもに（ウ）を責務とするとともに、（エ）について必要最小限度の介入を認めているにすぎない、と解されます。

2 憲法二四条の制定と「個人の尊重」

以下では、まず憲法一三条、一四条、二四条の制定過程に示された人権原則や、平等原則、家族像を明らかにしたうえで、戦後社会の変容過程と現代家族に関する理論的な問題点、さらには男女共同参画の現状をみておくことにします。

(1) 日本国憲法二四条の制定

家族規定の創設——日本における家族の憲法上の地位

まず憲法二四条の制定過程に示された家族像を明らかにしたうえで、戦後社会の変容過程と現代家族に関する理論的な問題点をみておくことにします。

日本では、ナポレオン民法の影響をうけて起草された一八九〇（明治二三）年の民法人事編において、戸主権や家督相続制を基礎とする「家制度」が構築されました。この旧民法草案が施行延期された後、一八九八（明治三一）年に制定された「民法　親族・相続編（いわゆる明治民法）」では、家父長的な「家制度」がさらに強化され、妻の「無能力」（行為能力の否定、家督相続からの排除など）、同居・貞操義務が確立されましたが、この制度は、大日本帝国憲法の天皇主権原則と結びついて天皇を頂点とする天皇制家父長家族を形成し、国家による国民統合の装置として家族を機能させました。

第二次世界大戦後、一九四六（昭和二一）年に制定された日本国憲法は、国家と家族の基本原理を一新しました。憲法二四条は、一三条の個人尊重原則や一四条の平等原則の規定をうけて、婚姻の自由と夫婦同等の権利（一項）を定め、婚姻や家族に関する法律が、個人の尊厳と両性の本質的平等（二項）に立脚して制定されなければならないことを定めました。

日本国憲法の憲法制定過程では、「ベアテ・シロタ草案」が草案のもとになったこともすでにみたとおりです（本書一二三頁）。GHQ草案作成の九日間（一九四六年二月四～一二日）に、人権条項がベアテ・シロタ・ゴードン氏によって起草された事情が明らかになっています（ベアテ・シロタ・ゴードン（平岡磨紀子訳）『一九四五年のクリスマス――日本国憲法に「男女平等」を書いた女性の自伝』柏書房、一九九五年参照）。

現行憲法二四条にあたるマッカーサー草案二三条が成立する以前のベアテ・シロタ草案では、「家族（family）は、人類社会の基礎であり、その伝統は、善きにつけ悪しきにつけ国全体に浸透する。それ故、婚姻と家族とは、法の保護を受ける」と定められ、他にも、妊婦及び幼児をもつ母親に対する国の保護、婚外子に対する法的差別の禁止と婚外子の権利、長男の権利の廃止、児童の医療の無償等の豊富な規定がおかれていました（本書一三三頁以下参照）。

ドイツのワイマール憲法や北欧諸国の憲法、旧ソ連憲法等を参考にして起草されたこれらの諸規定は人権委員会で承認されましたが、運営委員会で削除され、個人の尊厳と両性の本質的平等に立脚して家族法が制定されるべきことを定めた総論部分だけが、マッカーサー草案二三条として成立したのです。日本政府はマッカーサー草案の「家族は、人類社会の基礎であり……国全体に浸透する」の一文を削除して家族保護の色彩を払拭することに主眼をおいたため、その規定は婚姻中心のものに変化しました。

さらに、一九四六年六月からの帝国議会審議の過程では、一方で保守派議員から日本型家父長家族（「天皇のお膝元に大道が通じている」という日本国の国体としての天皇制家父長家族制度）擁護論が主張され、他方で社会党などの左派議員からワイマール憲法型の家族保護論が主張されました。結局、この両者を同時に排除する形で、「家」制度の否定による近代化・民主化が志向されました。いわば左右両派の攻勢に対する妥協として、個人尊重主義を基礎とした画期的な憲法二四条が成立したということができます。

憲法一三条と二四条

国家と家族の関係では、家族の機能は、前述のとおり、「国家権力の防波堤」の機能と、「国家による国民統合」の機能の二つを指摘することができます。このうち前者の機能を重視する視点からすれば、国家による家族の保護という場合にも、「国家は、家族の自律を尊重して家族内部の問題に不当に介入してはならない」というリベラリズムの要請が重要となります。このため、すべて国民は個人として尊重されることを明示した憲法一三条や、「個人の尊厳と両性の本質的平等」を原則として定めた二四条が重要な意味を持つことになります。

とくに最近では、憲法一三条で、自己決定権が保障されていることについて、学説や判例が認めるようになっています。家族の形成、維持やリプロダクションについて、公権力から干渉されずに自ら決定する権利がある、と解されていますが、憲法学では、家族については、あまり理論化を進めてこなかったのが現状です。

そこで憲法一三条と二四条の関係についてまとめておくとすれば、おおむね次のようになるでしょう。

（ⅰ）憲法二四条一項は、「両性の合意」のみを要件とする婚姻の自由、およびその消極面としての非婚・離婚の自由を個人に保障しています。憲法一三条が保障する幸福追求権の一環としての個人の人格的自律権、ないし家族に関する自己決定権（婚姻・離婚・妊娠・出産・堕胎の自由等）の具体化でもあり、これらへの不当な国家介入は排除されます。

（ⅱ）二四条一項は、夫婦の同等の権利とそれに基づく婚姻維持の自由を保障しています。夫婦の権利について、判例は「個々具体の法律関係において、常に必ず同一の権利を有すべきものであるというまでの要請を包含するものではない」（夫婦財産制に関する最大判一九六一〈昭三六〉・九・六民集一五巻八号二〇四七頁）としていますが、婚姻の自由に関する場合や前述（本書一二二頁）の女性差別撤廃条約に明記された諸権利については、同一の権利が要請されていると解すべきでしょう。

また、婚姻の維持の自由については、憲法一三条の保障内容（妊娠・出産・子どもの養教育・生計の維持等に関する自由）とも重なりあい、これらは立法府・行政府の侵害についての違憲判断の根拠となりうると思われます。さらに、二五条の生存権保障の一環としての家庭生活の（経済的）保障を排除するものではないとしても、その場合にも、個人の婚姻・離婚等の自由を侵害するものは許されないと解すべきでしょう。

（iii）二四条二項は、配偶者の選択・財産権・相続・離婚等のほか「婚姻及び家族に関するその他の事項」に関する法律が、すべて「個人の尊厳」と両性の本質的平等に立脚して制定されなければならないことを、立法府の義務として定めています。ここでいう「個人の尊厳（indivisual dignity）」について、一般には、憲法一三条の「個人の尊重」や、ドイツ基本法一条の「人間の尊厳」と同義のものとして理解される傾向がありますが、厳密には、これらは同じではありません。「尊厳」の語は、個人ではなく人間について用いられることや、憲法制定過程での用法に照らしてみると、憲法二四条の「個人の尊厳」とは、「個人の、人間としての尊厳」の趣旨に解するのが妥当でしょう。この規定は憲法一三条・一四条の原則を家族生活の場面に具体化したものですが、家族法の制定・改廃に関する立法府の義務違反の問題はこの規定から直接導かれます。さらに一項と同様、憲法二五条の生存権保障の一環としての家庭生活に対する国家の保護を排除する趣旨ではないと解されます。

しかし、その場合も、憲法一三条・二四条に基づく個人の尊重や自己決定権（例えば、法律上の婚姻に基づく家族の保護と抵触するような非婚・離婚の自由や堕胎の自由、シングル・マザー等の選択）を侵害することは許されないといえます。もっとも、憲法一三条を根拠にライフ・スタイルについての自己決定権を最大限に認める場合には、二四条との抵触は避けられないものとなり、一三条の保障内容や二四条との対抗関係を検討することが必要となります。

家族形成の自己決定権

最近では、憲法一三条を根拠とする自己決定権論の高まりが示されており、憲法学説では、婚姻の自由を中心とする家族形成に関する個人の自己決定権は、憲法一三条で保障されていると解されています。ここには、①自己の生命・身体の処分、②家族の形成・維持、③リプロダクションに関する選択、④ライフ・スタイルの自由を含める見解が一般的になっています。このため、これらにかかわる具体的問題（生殖補助医療の利用やシングル・マザーの選択、同性カップルの選択等）について、憲法二四条で保障される家族のあり方との関係が問題となります。

すなわち、従来は、法律上の婚姻によって成立する家族を「公序」とみなして憲法二四条をその根拠と解してきましたが、このように一三条の自己決定権を重視する立場からすれば、現代の家族は、幸福追求の空間であり、契約によって成立する人的結合です。そこで憲法一三条の保障（離婚・非婚の自由や中絶の自由、婚外子を産む自由等）を重視すればするほど、憲法二四条の保障内容との抵触範囲が広くなり、個人尊重原則に基づく現代型家族と憲法一三条の自己決定権との調整（対抗と共働の関係）が問題となります。

のちに触れる夫婦別姓制の問題について、憲法一三・一四・二四条との適合性が議論の焦点になってきますが、相互の関係については、なお課題も残っています。例えば、仮に憲法二四条で、同性婚が保障されてないと解釈する場合も、憲法一三条では保障されると解されるため、これらの三つの条文の関係が今後も理論的な課題になると考えています。この点はまた後に触れますが、先に、憲法制定時の家族像と戦後の改憲論の展開について、少しみておきます。

(2) 憲法制定時の家族像と憲法二四条

日本国憲法制定期の家族観や二四条の制定過程はすでに概観しましたが、いくつかの重要な検討結果が得られました。それは次のとおりです。

(A) 一九四五年一二月から一九四六年二月かけて発表された各政党の憲法改正案のうち、与党のものには家族に関する規定は存在しませんでしたが、日本社会党・共産党案には、新憲法に相応しい家族の保護や戦前の旧家族制度の廃止が明示されていました。

①日本政府案(松本案)「憲法改正要綱」(一九四五年一二月)、②日本進歩党憲法改正要綱(一九四六年二月一四日発表)、③日本自由党案憲法改正要綱(一九四六年一月二一日発表)は、いずれも家族規定に該当する条文は含んでいませんでした。

これに対して、野党の④日本社会党案:憲法改正要綱(一九四六年二月二四日発表)では、「国民の家庭生活は保護せらる、婚姻は男女の同等の権利を有することを基本とす」のように、国家の家族保護が定められていました。

また、⑤日本共産党案:日本人民共和国憲法(草案)(一九四六年六月二九日発表)では、「婚姻は両性の合意によってのみ成立しかつ男女が平等の権利をもつ完全な一夫一婦を基本とし純潔な家族生活の建設を目的とする。社会生活において家長および男子の専横を可能とする非民主的な戸主制ならびに家督相続制はこれを廃止する。夫婦ならびに親族生活において女子にたいする圧迫と無権利とをもたらす法律はすべて廃止される。」(二八条)とされていました。ここでは、婚姻の自由や一夫一婦制などが明示され、戦前の戸主制や家督相続制などの廃止が憲法案の中に記載されたことに特徴がありました。

（B）マッカーサー草案に影響を与えたことが知られている⑥憲法研究会「憲法草案要綱」（一九四五年一二月二六日発表）では、「男女ハ公的並私的ニ完全ニ平等ノ権利ヲ享有ス」と定めていました（辻村『人権の普遍性と歴史性』二二九頁以下、三三三頁以下参照）。

（C）マッカーサー草案二三条のもとになった「ベアテ・シロタ草案」ではすでにみたように、下記のように詳細に定めていました（ゴードン前掲『一九四五年のクリスマス』、本書一二七頁参照）。

「家族（family）は、人類社会の基礎であり、その伝統は、善きにつけ悪しきにつけ国全体に浸透する。それ故、婚姻と家族とは、法の保護を受ける。婚姻と家族とは、両性が法律的にも社会的にも平等であることは当然であるとの考えに基礎をおき、親の強制ではなく相互の合意に基づき、かつ男性の支配ではなく両性の協力に基づくべきことを、ここに定める。これらの原理に反する法律は廃止され、それにかわって配偶者の選択、財産権、相続、本拠の選択、離婚並びに婚姻および家族に関するその他の事項を、個人の尊厳と両性の本質的平等の見地に立って定める法律が制定さるべきである。……女性と子ども、恵まれないグループの人々は、特別の保護が与えられる。国家は、個人が自ら望んだ不利益や欠乏でない限り、そこから国民を守る義務がある。」

これに対して、マッカーサー草案二三条（一九四六年二月一三日）では、訳文は、下記のようになっていました（高柳賢三ほか編著『日本国憲法制定の過程Ⅰ』有斐閣、一九七二年、№11G3、二二二―二二五頁、二七八―二二八頁参照）。

「第二三条　家庭は、人類社会の基礎であり、その伝統は、善きにつけ悪しきにつけ国全体に浸透する。婚姻は、両性が法律的にも社会的にも平等であることは争うべからざるものである〔との考え〕に基礎をおき、親の強制ではなく相互の合意に基づき、かつ男性の支配ではなく〔両性の〕協力により、維持されなければならない。これらの原理に反する法律は廃止され、それに代つて、配偶者の選択、財産権、相続、本居の選択、離婚並びに婚姻および家庭に関するその他の事項を、個人の尊厳と両性の本質的平等の見地に立つて規制する法律が制定さるべきである。」

(D)憲法制定期の帝国議会での「憲法改正草案要綱」審議では、衆議院特別委員会小委員会で社会党議員らがワイマール憲法型の家族保護規定の提案をしましたが、社会党の提案は小委員会では否決されました。また、貴族院審議では、保守派議員らの日本型家父長家族(「天皇のお膝元に大道が通じている」日本国の国体としての天皇制家族制度)擁護論が出たことに対して、これも僅差で否決されました。こうして、左右両派からの家族規定の妥協の産物として、中間の家族の個人化の路線が選択されたのです。

(E)衆議院の特別委員会等でも、社会党の黒田寿男や加藤シズエ、自由党の武田キヨらが、母子の保護や寡婦の保護などの家族保護条項を加えることを要請しましたが、金森国務大臣は、憲法の精神の具体化は、今後の立法に委ねる旨の回答をしていました(清水伸編著『逐条日本国憲法審議録(増補版)第二巻』原書房、一九七六年、四九二頁以下参照)。

(F)日本国憲法の制定後、一九四六年七月に設置された臨時法制調査会の第三部会(司法法制審議会)一〇月二四日の審議では、「戸主も家督相続も、憲法二四条の規定だけからみて、ただちに違憲だといえない」と回答され、一九四七年四月一七日「民法の応急措置に関する法律」成立、親族・相続編改正一九四八年一月一日施行の過程でも「法律がかわったとしても、現実の親族共同生活たる家族制度を否定するものではない」と奥野・司法省民事局長が回答していました。このように、戦後の家族制度改革の出発点自体が、妥協的な性格が強く、不徹底なものであったということができます。二四条制定時から問題にされていた「家を重しとするか、人を重しとするか」、「家族主義と個人主義の調和」という論点は、戦後七〇年を経ても基本的に変わっていないことが確認できます。そのなかにあって、妥協的な性格を持ちながらも、「柔軟性」と「先取り性」のために、憲法規定のもとで多くの矛盾を内包しながら、運用や判例の解釈法理等で何とか適用してくることができました。

(3)　戦後の改憲論と家族の展開

民法を運用する努力の陰で、憲法改正によって国家体制や基本原理自体を旧家の方向に引き戻そうとする保守層の改憲論が、今日まで続いてきたことも、日本に特徴的です。

戦後の家族改革や改憲論の展開をみると、一九四六年から一九五〇年代前半まで戦後家族改革が進行したのち、一九五〇年代の明文改憲論のなかで、早速と家族制度復活論が台頭したことなど、戦前との連続性を示唆しています。

その後自民党憲法調査会では、一九七〇年代から九〇年代にかけて、「家庭は、祖先から受けて子孫に伝承すべき人間の生命を育てる礎石であり、また社会の基底であることにかんがみ、国は家庭を保障することを規定する」（一九七二年憲法改正大綱草案）のような改正案が求められてきました（詳細は辻村『憲法と家族』三三五頁以下参照）。

二〇〇〇年からの両院の憲法調査会でも、「二四条は、家族は個人主義に準じるものだという考え方で書かれている。憲法の最大の欠陥は、二四条的なもの、家族やコミュニティーといったものを全く認めてない点にある」（自民党議員）という記載があります（衆議院憲法調査会報告書中間報告）。憲法二四条が個人主義の元凶で、家庭崩壊等の社会問題の原因であるという見方に対して、「親孝行が減ったのは憲法のせいだというのは、憲法を過大評価している（安念潤司参考人）」という皮肉をこめた意見が述べられたことも記録されているところです（衆議院憲法調査会報告書、二〇〇五年、三六五―三六七頁）。これらの議論が二〇〇四年自民党憲法調査会憲法改正プロジェクトチーム「論点整理」の「家族や共同体の価値を重視する観点から見直しすべきである」という第二四条見直し論につながりました。

二〇一二年自民党改憲草案「助け合い論」の問題性

自民党政権は、民法改正を阻止しつつ旧来の法律婚家族の保護等の理念を優先する立場から、復古的な改憲論を展開してきたわけですが、二〇一二年の自民党改憲草案で、「家族は、社会の自然かつ基礎的な単位として、尊重される。家族は、互いに助け合わなければならない。」と明記されました。

自民党の「Q＆A」にも、審議過程では親族間の扶養義務についても要請があったものの、具体的な内容は盛り込まれなかったことが示されています。

当時は生活保護受給者の増加や芸人の親族扶養義務論争を契機に議論が高まっていたときでしたが、日本の民法のように、直系血族及び兄弟姉妹のみならず、特別の事情があるときは「三親等内の親族間においても扶養の義務を負わせることができる」と定めることは、外国ではあまり例がないものです。また、現行生活保護法（第四条二項）は扶養関係を保護の「要件」としていないのですが、憲法のなかにこのような扶助義務が書かれるとなると、生活保護制度の見直しや扶養義務の強化が問題となることが予想されます。

さらに、問題なのは、世界人権宣言の援用の仕方です。Q＆Aでは、「世界人権宣言一六条三項は『家族は、社会の自然かつ基礎的な単位であり、社会及び国による保護を受ける権利を有する』と規定されています。草案の二四条一項前段はこれを参考にしたものです」として、世界人権宣言を援用しています。

たしかに、世界人権宣言一六条三項は、「家族は、社会の自然かつ基礎的な単位であり、社会及び国による保護を受ける権利を有する。」と定めています。しかし、この世界人権宣言の規定は、家族が社会や国家によって保護を受けるという内容であり、国家が保護する立場にあります。これに対して、自民党草案では、国家が保護するのではなく、家族内で国民が相互に助け合い、自助努力をすることが促されており、ベクトルが逆になっていることに注意をしなければなりません。家族内の扶養義務強化の方向などは、この草案の指摘とは異なって、現実の国際的動向とは異なるものです。さらに、このような考え方は、旧来の保守派の議論が、国家の家族保護という名目のもとで、その見返りに国民や家族を国家の監視下におき、個人の自由の制約を正当化することを目指していたのとも異なっています。

実際、二〇一二年の自民党改憲草案では、国民主権原理によって国家が国民を保護するのではなく、国民が国家に奉仕するという旧憲法と同様の思考が、前文からも看て取れます。前文第三段では、「日本国民は、国と郷土を誇りと気概をもって自ら守り、基本的人権を尊重するとともに、和を尊び、家族や社会全体が互いに助け合って国家を形成する」と定めているのです。

Q＆Aでも、「国民は国と郷土を自ら守り、家族や社会が助け合って国家を形成する自助、共助の精神をうたいました」と述べています。ここでは、国民の人権を守るために国家が存在し、国家が国民・個人の人権と憲法を守る義務を負っている、という近代立憲主義の基本構造が理解されず、国民が国を守り、国家に貢献するという、国家本意の逆の論理が成立しているのです。憲法尊重擁護義務論と相まって、近代立憲主義の本質が理解されてないと批判される所以です（憲法尊重擁護義務に関する自民党草案の問題点につき、辻村前掲『比較のなかの改憲論』七一頁以下参照）。

さらにその根底には、同草案の一三条の「個人として尊重される」が、改正案では「人として尊重される」に改められ、「憲法から個人が消え」て、個人主義の意義が抹殺されていることが関係しています。憲法一三条の趣旨や個人主義に対する誤解・無理解については、すでに批判があるところですが（樋口『いま、『憲法改正』をどう考えるか』一〇六頁、樋口・小林『「憲法改正」の真実』六五頁以下参照）、背景には、憲法一三条を敵視する視点や個人主義と利己主義の混同があることも、すでにみたように憲法二四条改正論のなかに示されていました。

婚姻・家族の現状と課題――少数家族化・少子化の傾向・未婚率の増加

では、日本社会と家族の変容についても簡単にみておきましょう。

一九五〇年代後半から一九七〇年代前半までは、高度経済成長・核家族化を背景に憲法下の近代型家族像がある程度定着し、日本型の女性の自立傾向が認められました（専業主婦化による妻の座権の向上の反面、女性の人権や実質的平等の点では不十分な自立などに示されました）。夫がいわゆる「内助の功付き労働者」として外で働き、妻が内で支えるという社会全体と家族内での性別役割分業や女性のM字型就労形態が固定化されたのです。

一九七〇年代後半から一九八〇年代には、産業社会批判やいわゆる「男社会のゆきづまり」を背景にした家族の変容傾向が出現しました。例えば、核家族の増加率が一九七五年までは一二・二％であったのに対して、その後一〇年間でのびが止まり、一九八五年以降に減少に転じたのです。また、女性の労働力率が上昇し、性別役割分業の矛盾が自覚され始めました。ライフ・スタイルの変化、離婚・少子化・シングルの増加、単身赴任の増加等による母子家族・父子家族の増加が認められ、家族の多様化と解体傾向が始まりました。

実際に、典型的な核家族（夫婦と子どもからなる世帯）は減少が続き、かわって単独世帯が増加して一般世帯の平均世帯人数は、一九八〇年の三・二二人から二〇一〇年では二・四二人に減少しています。実際、非婚化・晩婚化の傾向によって、少子化、出生率低下が起こっているわけですが、その背景には、生涯未婚率の増加があります。生涯未婚率も、三〇年前と比べて相当高く、男性は二・六〇％（一九八〇年）から二〇・一四％（二〇一〇年）へと約八倍、女性は四・四五％（一九八〇年）から一〇・六一％（二〇一〇年）へと二・四倍になっています。男性の生涯未婚率が二〇％を超え、二〇一七年には二三％になっていますので、約四人に一人が未婚という状態であることは、驚くべきことです。

また、少子化傾向が著しく、合計特殊出生率（一五歳から四九歳までの一人の女性が一生に産む子どもの平均数）が低下していることも周知のとおりです。この数値は、戦後の第一次ベビーブーム期には四・三を超えていましたが、その後低下し、二〇〇五年には一・二六、二〇一五年には一・四五になりました。

他方、一九九六（平成八）年ころから、共働き世帯が、男性片働き型を追い抜いています。いまでは、専業主婦型の世帯は圧倒的に少数になっています。（男女共同参画白書平成二九年版七五頁、Ｉ－３－５図参照）

妻の就業経歴と夫の労働時間

別の角度から妻の就業経歴についてみますと、第一子出産後に、妻の六割が離職しているのがわかります。この離職をなくすために、男性の育休取得率の増加や、働き方改革（長時間労働の改善）、管理職への昇進促進、ポジティブ・アクションなどの政策が採られていますが、実際には、育児のための離職の背景には、保育園の待機児童問題などがあります。

また、夫の家事・育児時間が、欧米諸国に比して短いことが指摘できます。一日あたり、日本では、家事時間一時間七分、育児時間三九分となっています。この数値だけをみますと、日本の男性がさぼっている、という印象を与えますが、実際には男性の長時間労働の問題が背景にあります。

二〇一五年のOECDの統計では、日本の年間労働時間は、一七一九時間で、韓国の二一一三時間、世界平均一七六六時間よりは短いものの、ドイツ一三七一時間、フランス一四八一時間、北欧などよりは長くなっています。このほか、非正規社員の増加や残業時間などの規制が問題になっていることも周知のとおりです。

次節では、さらに視点を広げて、日本における男女共同参画の現状についてみておきましょう。

3　日本における男女共同参画の現状

(1)　国際比較にみる日本の位置

ここでは、男女平等ないし「男女共同参画」の現状と、戦後の展開をみておきましょう。現状を知るために有効なのが、国際的な指標です。一般に、ダボス会議として知られている世界経済フォーラムのGGI（ジェンダー・ギャップ指数）が注目されています。これは、政治、経済、健康、教育の四分野に分けて、約一四五カ国の状態を点数で評価しているもので、毎年、一〇月下旬から一一月上旬に前年度の統計が集計されて、報告書（Gender Gap Report）として世界に公表されています。

日本は、例年、健康分野と教育分野は一〇〇点満点中九八点を取っていますが、政治分野がとくに悪く、二〇一五年度は、一〇〇点満点中一〇・三点、二〇一四年度は五・八点、その前もずっと六点台でした。そのため、これまで世界一二〇位から一〇四位（二〇一四年、一四三カ国中）でしたが、二〇一五年は一〇一位でしたので、次第に総合順位が上がってくると思われていましたが、二〇一六年度は一一一位に後退し、二〇一七年は一一四位に後退しました。これは、他の国々では、経済分野や政治分野などで、とくに、ポジティブ・アクション（積極的改善措置）を導入して改善の努力をしているのです。何もしていないと、順位はどんどん下がってしまいます。

とくに、日本の政治分野の状況がここまでひどいことは、あまり知られてないようです。男女共同参画会議の席上では毎年必ず資料を出すようにしていますが、閣僚や議員は無論のこと、広く実態を知って頂く必要があります。先進国といわれる日本で、このような状況であることを自覚してもらいたいと思いますが、日本では、教育でも、都合の悪いことは教えないという傾向があり、現実が十分に伝えられていないようです。

女性国会議員比率の国際比較

各国の女性議員比率の推移をみると、北欧諸国では、国際女性年の一九七五年ころから、ドイツやイギリスでは一九九〇年代から女性国会議員比率が増加していることがわかります。最も低い日本では、二〇〇〇年に近い段階でようやく上昇しています。

ポイントは、いま四〇％を超えているノルウェーでも、一九七〇年には九・三％だったということです。スウェーデンでも一四％だったということは重要です。これらの国は、一院制比例代表制ですが、政党の自発的なクオータ制を一九七〇年代から導入したことによって、一九八五年には三〇％、一九九五年には四〇％に到達しています。

ポジティブ・アクションやクオータ制の問題は別著で検討しましたが（辻村『ポジティヴ・アク

ション』参照)、世界的には、すでに、一〇〇カ国以上で、選挙に何らかのクオータを導入していますし、そのおかげで、途上国では急に女性議員比率が高くなっています。

世界ランキング

一院若しくは下院についての女性議員比率の世界ランキングは、図表５のとおりです。この表は、二〇一七年一二月一日時点のものです。インターネットでは、ＩＰＵという国際機関（ストックホルム）が、ほぼ毎月、データを更新して公表しています。

ここには上位一〇カ国を書いておきましたが、なんと一〇カ国中七カ国が途上国です。

また、上位の国の多くは比例代表制で、法的なクオータ制を導入しており、即効性がある事がわ

図表５　世界の女性国会議員比率

（193カ国調査：2017年12月１日現在の IPU 調査より）

下院順位	国名	地域名	下院
1	ルワンダ	アフリカ	61.3%
2	ボリビア	南米	53.1%
3	キューバ	中米	48.9%
4	ニカラグア	中南米	45.7%
5	スウェーデン	欧州	43.6%
6	メキシコ	中米	42.6%
7	フィンランド	欧州	42.0%
8	南アフリカ	アフリカ	41.8%
8	セネガル	アフリカ	41.8%
10	ノルウェー	欧州	41.4%
14	フランス	欧州	39.0%
39	イギリス	欧州	32.0%
45	ドイツ	欧州	30.7%
99	アメリカ	北米	19.4%
115	韓国	アジア	17.0%
	⋮		
157	日本	アジア	10.1%

図表６　世界の女性国会議員比率平均

193カ国議員数46,149人（2017年12月１日現在 Inter-Parliamentary Union（IPU）調査）

	両院	下院	上院
世界平均	23.5%	23.6%	23.2%
北欧諸国		41.4%	
欧州諸国	27.1%	27.3%	26.2%
米諸国	28.5%	28.6%	28.1%
アフリカ諸国	23.6%	23.7%	23.2%
アジア諸国	19.4%	19.7%	16.0%
アラブ諸国	17.5%	18.3%	12.6%
太平洋諸国	17.9%	15.5%	37.1%

かります。小選挙区制のアメリカなどは、図表６の世界平均・地域平均に照らしてみても、比較的低い値ですが、フランスは「パリテ法」の効果がでています。日本は、二〇一七年一〇月二二日の総選挙で、一〇・一％に上がりましたが、一九三カ国中一五七位です。世界平均は、下院二三・六％ですので、日本は、かなり低いことがわかります。アラブ諸国・太平洋諸国アジアの平均をふくめ、すべてより低いことを示しています。

(2)　日本の政治分野の男女共同参画

衆議院では、最初一九四六年の八・四％という数値を乗り越えるのに、二〇〇五年まで六〇年かかっており、二～三％の時期も、一九四七年から一九九六年まで、五〇年間あったことがショッキングな事実です。自民党の長期単独政権の時期で、高度経済成長期の性別役割分業が示された時期です。

参議院では、一九八〇年代から比例代表制が導入されたため、衆議院よりは比率が高く、二〇一三年選挙では、一五・七％です。両院では、二〇一六年参議院選挙後の時点で一三・二％、二〇一七年衆議院総選挙後では、一三・七％です（衆参両院の女性議員（47＋50）÷両院総議員数（465＋242）＝97÷707＝0.137）。世界平均は二三・六％ですので、平均よりかなり低いことがわかります。

国家公務員の女性比率は、三〇％を超えるまでに上がっていますが、国家公務員の管理職比率は世界的にも珍しいほど低く、二〇一六（平成二八）年では、地方機関課長・本省課長補佐相当職九・四％、本省課室長相当職四・一％および指定職相当三・五％となっています。

さらに、日本の場合は、地方議会の女性議員率が非常に低いことが問題となります。二〇一六年一二月末の結果では、全体一二・六％で、町村も都道府県九・九％です。市議会一四・〇％、東京の特別区では、二六・九％まで上昇していますが、それでも、全体としてみれば大都市以外の比率が低く、生活にとって身近な地方で、政治参画が遅れている理由が問題になるでしょう（二〇一七年七月の東京都議会議員選挙の結果、東京都特別区ではさらに女性比率が上がりました）。

地方から活性化し、女性議員が地方議会で経験を積んで国政に登場することを促進する必要があるでしょう。そのためにも、社会的・文化的に形成された性差（ジェンダー）についての固定観念・偏見（ジェンダー・バイアス）をなくし、固定的な性別役割分業意識・構造を変える必要があると思われます。政治は男性のもの、女性は政治にむかない、という固定観念や特性論（本質主義）に基礎付けられた選挙行動、政党等の規範・慣行を如何に克服するかが問題になります。

なお、指導的地位の女性の割合を、二〇二〇年までに三〇％にするというのが、二〇〇五年第二次男女共同参画基本計画で閣議決定された政府目標ですが、現時点でこれを超えているのは、国の審議会、薬剤師以外はほとんどありません（男女共同参画白書平成二九年版六一頁、Ⅰ－1－14図参照）。

(3) 雇用分野における男女共同参画

雇用分野については、概観するにとどめます。二〇一六年の就業者数は女性二八一〇万人、男性三六五五万人です。生産年齢人口の就業率は、近年男女とも上昇していますがとくに女性の上昇が著しく、二〇一六年には一五～六四歳で六六・〇％、二五～四四歳で七二・七％となっています。

M字カーブ

女性の年齢階級別労働力率について一九七六（昭和五一）年からの変化をみると、現在も「M字カーブ」を描いているものの、そのカーブは以前に比べて浅くなっています。

M字の底となる年齢階級も上昇しています。一九七六年は二五～二九歳（四四・三％）がM字の底でしたが、二五～二九歳の労働力率は次第に上がり、二〇一六年では八一・七％と、年齢階級別で最も高くなっています。二〇一六年には、三五～三九歳（七一・八％）がM字の底となっています（男女共同参画白書平成二九年版六五頁、Ⅰ－2－3図参照）。

女性の就業率、労働力率が出産・育児期に減少してM字カーブを描くことは世界共通の現象でしたが、スウェーデンでは一九七〇年、他の先進国も七〇年代から改善され、ＯＥＣＤ加盟国では、ほぼ台形になっています。

日本では、就業を希望している女性の数は三四〇万人を超え、これらの潜在的労働力の活用があれば日本経済が改善される、という調査結果がＯＥＣＤやＩＭＦ国際通貨基金のラギャルド専務理事の指摘にも示されており、二〇一六年に施行された女性活躍促進法につながっています。

給与の男女格差についてみると、一般労働者の男女間の所定内給与格差は、長期的には縮小傾向にあります。二〇一六年には、男性一般労働者の給与水準を一〇〇としたときの女性一般労働者の給与水準は七三・〇になりました（前年に比べ〇・八ポイント縮小）。また、一般労働者のうち正社員・正職員の男女の所定内給与額については、男性の給与水準を一〇〇としたときの女性の給与水準は七五・一となっています。

女性の管理職比率についてみると、常用労働者一〇〇人以上を雇用する企業の労働者のうち役職者に占める女性割合は、諸国に比べても非常に低くなっています。階級別にみると、長期的には上昇傾向にあるものの、上位の役職ほど女性割合が低く、二〇一六年は、係長級一八・六％、課長級一〇・三％、部長級六・六％です。

性別役割分担意識の変化

性別役割分担に対する意識にも変化が生じてきたものの、「夫は外で働き、妻は家庭を守る」という考え方について四〇％（二〇一六年度、男性四四・七％、女性三七・〇％）も賛成がある国は先進国では珍しいといえます。欧米では、だいたい一〇％程度が現状です（スウェーデン四％、イギリス九・七％、アメリカ一八・一％など）。

日本では、一九七三年には、男女ともに賛成（「賛成」＋「どちらかといえば賛成」）が八割を超えていましたが、二〇〇二年に、四七・〇％（男性四二・一％、女性五一・一％）がこの考え方に反対し

（「反対」＋「どちらかといえば反対」）、反対派と賛成派（四六・九％）が拮抗するようになりました。二〇〇四年に反対と賛成の比率が逆転し、二〇〇九年には、反対五五・一％（男性五一・一％、女性五八・六％）、賛成四一・三％（男性四五・九％、女性三七・三％）となっています。

しかし、内閣府の「男女共同参画社会に関する世論調査」（二〇一二年一〇月）では、一転して賛成の割合が反対の割合を上回りました。賛成の割合が男女共に前回調査より増えたのは、一九七九年以来今回が初めてです。日本では、一九九二年調査と二〇一二年調査結果を比較すると、男女とも若い世代ほどおおむね性別役割分担に賛成の割合が低いものの、男性の二〇～二九歳では賛成の割合が上昇していることがわかります（男女共同参画白書平成二九年版七五頁、I-3-5図参照）。

世代別・男女別にみても性別役割分担に賛成する傾向が比較的強いのですが、女性の方が反対する割合が高くなっています（二〇一六年度、男性四九・四％、女性五八・五％）。世代別では、男女とも六〇歳代と二〇歳代が最も賛成が多いのが実情で、とくに二〇歳代男性の賛成が六〇歳代とほぼ同率であることが特徴的です。

4　最高裁判決からみる家族と個人

(1)　家族規定の合憲性

次に憲法訴訟の問題、家族規定の合憲性の問題に移ります。

①　国籍法違憲判決と婚外子相続分差別違憲訴訟

二〇〇八年六月四日の最高裁大法廷国籍法違憲判決において、いわゆる国際婚外子について、最高裁は、国籍法三条一項（婚外子の国籍取得に両親の婚姻＝準正を要件とした規定）を憲法一四条違反と判断しました。ここでは、「我が国における社会的、経済的環境等の変化に伴って、夫婦共同生活の在り方を含む家族生活や親子関係に関する意識も一様ではなくなってきており、今日では、出生数に占める非嫡出子の割合が増加するなど、家族生活や親子関係の実態も変化し多様化してきている。」と述べて、婚外子や未婚・非婚の増加などの状況の変化を理由に違憲判断を下しました。このため、国内の婚外子の相続差別規定である民法九〇〇条に関する最高裁判決への影響が注目されたわけです。

実際に、婚外子差別違憲訴訟（住民票続柄差別訴訟・非嫡出子相続分差別訴訟）の最高裁大法廷決定（二〇一三〈平成二五〉・九・一四民集六七巻六号一三二〇頁）が、民法九〇〇条四号但書を違憲とする画期的判断を下して注目されました。この決定は、民法の一部改正に結び付き、二〇一三年一二月に、同条但書が削除されて決着しました。

②　再婚禁止期間違憲訴訟

女子のみ六カ月の再婚禁止期間を定める民法七三三条も、嫡出推定の重複を避け、父子関係の混乱を防止することが立法趣旨とされ、女性のみが懐胎するという肉体構造に基づく合理的な差別であると解されて、長く合憲判断が下されてきました（二〇一六年六月改正前の規定では、「女は、前婚の解消又は取消しの日から六箇月を経過した後でなければ、再婚をすることができない。」と定められていました)。

しかし、男性は離婚した翌日再婚できるのに対して、女性は一律に、六カ月も待たされる規定は明らかに性差別規定です。とくに最近では、医科学技術の進歩によって妊娠の有無や父子関係確認が容易になったことからしても、廃止論あるいは一〇〇日への期間短縮論などの法改正論が強まっていました(民法七七二条では、「婚姻の成立の日から二〇〇日を経過した後、又は婚姻の解消若しくは取消しの日三〇〇日以内に生まれた子は、婚姻中に懐胎したものと推定する」と定められており、計算上、離婚後一〇〇日以内に再婚すると、前婚の夫と後婚の夫の両方に推定が及んでしまうため、最低一〇〇日は再婚を待たなければならないという考えによります。一九九六年の民法改正要綱案でも、一〇〇日への制限が短縮されていました)。

諸外国でも、長く禁止期間規定を置いてきたフランスで、二〇〇四年の民法改正で再婚禁止規定自体が削除され、韓国の民法でも、二〇〇五年の改正時に削除されました。ベルギー等でも規定が廃止されて、今や再婚禁止規定を残存させている国は日本だけであるといわれていました。そのため、女性差別撤廃委員会二〇〇九年八月の総括所見や国際人権規約委員会等から、民法七三三条等の早期改正が勧告されてきました。

この問題について、二〇〇八年三月に前夫と離婚し、同年一〇月に現夫と再婚した二〇代の女性が、民法七三三条のために離婚後六カ月以上待たなければならず精神的苦痛を受けたとして、憲法違反を理由に国に一六五万円の損害賠償を求めました。第一審岡山地裁判決(二〇一二〈平成二四〉・一〇・一八)は女性の請求を棄却しました。さらに控訴審の広島高裁岡山支部判決(二〇一三〈平成二五〉・四・二六）では、裁判長（伝田喜久）は、「規定には合理性があり、過剰な制約とはいえない」として原審を支持し、原告側の控訴を簡単に棄却してしまいました。諸外国の事例や近年の動向を無視した判決には、「時代が後戻りしたよう」（山陽新聞二〇一三年四月二七日）との批判が寄せられていました。そこで最高裁に上告され、二〇一五年二月に大法廷に回付されましたので、違憲判決への期待が高まっていました。

二〇一五年一二月一六日最高裁判決の意義

二〇一五（平成二七）年一二月一六日の最高裁大法廷判決（民集六九巻八号二四二七頁）では、再婚禁止期間規定について一部違憲判決が下され、民法改正にもつながりました。この判決の多数意見では、以下のように述べています。「本件規定は、女性についてのみ前婚の解消又は取消しの日から六箇月の再婚禁止期間を定めており、これによって、再婚をする際の要件に関し男性と女性とを区別しているから、このような区別をすることが事柄の性質に応じた合理的な根拠に基づくものと認められない場合には、本件規定は憲法一四条一項に違反することになると解するのが相当である。本件規定の立法目的は、父性の推定の重複を回避し、もって父子関係をめぐる紛争の発生を未然に防ぐことにあると解されるところ、……女性の再婚後に生まれる子については、計算上一〇〇日の再婚禁止期間を設けることによって、父性の推定の重複が回避されることになる。……本件規定のうち一〇〇日の再婚禁止期間を設ける部分は、憲法一四条一項にも、憲法二四条二項にも違反するものではない。これに対し、本件規定のうち一〇〇日超過部分については、民法七七二条の定める父性の推定の重複を回避するために必要な期間ということはできない。……以上を総合すると、本件規定のうち一〇〇日超過部分は、……憲法一四条一項に違反するとともに、憲法二四条二項にも違反するに至っていたというべきである。」すなわち、女性が離婚後すぐに再婚すると、前婚の夫と後婚の夫の子であるという嫡出推定が、重複してしまうので、再婚を遅らせることが必要になる、ということです。再婚を一〇〇日遅らせれば、推定が重複しないので、禁止期間は一〇〇日でいいにもかかわらず、明治時代の法律のまま、六カ月とされていたのです。これは、六カ月もすれば、女性のおなかも大きくなるので、再婚しようとする男性が気が付くという考え方によるものでしょう。理論的にも、一〇〇日でいいところ一八〇日間も制限したので、八〇日分は過剰な制限だということです。

しかし、そもそも、例外なく一律に規定していることが問題で、高齢女性の再婚など、妊娠していないことが明らかな場合には、再婚を認めることが必要です。これは「過剰包摂」ないし「過度の広範性（overbreadth, overinclusive）」の審査基準に照らして、民法七三三条全体が憲法違反、と言うのが憲法学の有力な考え方です。最高裁の本判決では、鬼丸裁判官と山浦裁判官の二名が、本条の再婚禁止期間の廃止論を説いています。

個別意見のうち、六名の裁判官の共同補足意見でも、一〇〇日以内の部分でも適用除外の場合に戸籍事務上、通達で認められている場合を除いて、再婚を認めるべきだという解釈を補充していました。また、国会賠償法上の請求については、多数意見は、国会議員が七三三条を改正するという法的義務を負っていたかどうかについて検討して請求を棄却していますが、山浦裁判官だけは、請求を認めました。

この点は、最高裁の判例理論として、「国会議員の立法行為又は立法不作為が同項の適用上違法となるかどうかは、国会議員の立法過程における行動が個々の国民に対して負う職務上の法的義務に違反したかどうかの問題であり、立法の内容の違憲性の問題とは区別されるべきものである。」という区分論が確立されていますが、この議論自体の再検討が今後の課題です。

私自身は、結論的に違憲だと判断しながら、立法裁量を広く認めて国家賠償請求を棄却するのは、いわば「違憲合法論」のようなもので、立法府に対して甘すぎると考えます。国会には、違憲の法律を改める法的義務があったと考えるのが相当と思いますので、山浦裁判官の反対意見を支持しています。

このように、民法七三三条の女性のみの再婚禁止期間規定は、憲法一四条・二四条および女性差別撤廃条約一六条違反であり女性差別の規定であるといえると考えます（条約一六条は、本書一二二頁参照）。さらに、従来あまり問題にされてきませんでしたが、当該女性との再婚を望む男性の婚姻の自由や当該女性の再婚の自由を制約する点でも憲法一三条の家族形成権、婚姻の自由、自己決定権の保障に違反するという疑いが強く、また、この規定によって不利益を受けることの多い子どもの権利の制約である点に留意して理論的検討を深めるべきでしょう。

二〇一六年民法改正

二〇一五年一二月一六日の最高裁判決や法務省通達を受けて、民法一部改正案が二〇一六年三月八日に衆議院に提出され、同年六月一日に参議院本会議において全会一致で可決されました（同年六月七日公布・施行）。改正法では、民法七三三条一項および七四六条の定める期間を「前婚の解消又は取消しの日から六箇月」から「前婚の解消又は取消しの日から起算して一〇〇日」に改めました。また、民法七三三条二項を改め、「女が前婚の解消若しくは取消しの時に懐胎していなかった場合又は女が前婚の解消若しくは取消しの後に出産した場合」には、再婚禁止期間規定を適用しないこととしました。改正後の規定は次のとおりです。

「七三三条1　女は、前婚の解消又は取消しの日から起算して百日を経過した後でなければ、再婚をすることができない。

2　前項の規定は、次に掲げる場合には、適用しない。

一　女が前婚の解消又は取消しの時に懐胎していなかった場合

二　女が前婚の解消又は取消しの後に出産した場合」

この民法改正は、上記の最高裁多数意見の内容を超えるものであり、適用除外を広く認める共同補足意見の立場にそったものです。今後は、鬼丸裁判官や山浦裁判官、さらに私見の立場にそって、民法七三三条の規定自体を廃止できるかどうかが課題になりますが、民法七七二条の嫡出推定制度を廃止しない限り、難しいかも知れません。フランスや韓国の様に、個人戸籍であれば問題ないということから、戸籍制度に関わる大規模な改正論議が必要となります。

③　民法七五〇条（夫婦同氏原則）の合憲性

民法七五〇条の夫婦同氏強制規定については、上記二〇一五年最高裁判決多数意見は、憲法一三条・一四条・二四条に違反しないと判断しました。この訴訟では、国際水準や憲法学の学説からしても、最前線の上告趣意書が提出されており、理論的にも大変重要な問題提起がなされたといえます。しかし、結果的には、国家賠償請求という非常にハードルが高い訴訟で合憲判断が示されたことから、当事者や女性団体等に衝撃を与えました。実際、憲法学的にみますと、理論的な課題も明らかになってきました。何より、戦後七〇年たって、家制度も廃止されて、憲法で、戦前とは異なる原理のもとで家族を個人主義的な方向で新たに築いてゆくべきだったはずですが、今は、まだ、少数者の人権、女性の人権や、氏の変更を強制されない権利など、人格権や個人の尊重という価値観を共有することも道半ばである、ということが、わかったような気がします。

反面、最高裁の裁判官五名から違憲説を引き出せたことなど、次のステップにとって、非常に重要な歴史的成果だと考えています。夫婦別姓訴訟（民法七五〇条夫婦同氏原則違憲訴訟）の展開については、詳細は省きますが、夫婦同氏を強制する制度自体の合憲性が争われているのであり、権利論の見直しが必要になります。この点では、原告は、正当にも民法七五〇条の夫婦同氏原則について、憲法二四条と一三条を中心に構成し、氏の変更を強制されない権利を、人格権として主張しました。上告理由書は全体で九万字にも及ぶ大部なもので、新書一冊分にもなる分量であり、国際水準の最先端の論理を駆使して、違憲性を論証しています。

二〇一五年一二月一六日　最高裁判決

これに対して、最高裁判決（民集六九巻八号二五八六頁）では、一四対一で国賠請求が棄却されて原告（上告人）の敗訴となりましたが、違憲主張の部分については、一〇対五で、五名の裁判官が違憲の判断をしました。

判決の多数意見では、一三条、一四条、二四条のいずれにも反しないという合憲判決でしたが、それでも、婚姻することとの自由、氏名についての人格的利益を認め、立法府が法律によって、選択的別姓制を採用することは容認されるというところまで、踏み込んでいます。

しかも、実質的平等の観点も認めていて、「仮に、社会に存する差別的な意識や慣習による影響があるのであれば、その影響を排除して夫婦間に実質的な平等が保たれるように図ることは、憲法一四条一項の趣旨に沿うものであるといえる。そして、この点は、氏を含めた婚姻及び家族に関する法制度の在り方を検討するに当たって考慮すべき事項の一つというべきであり、後記の憲法二四条の認める立法裁量の範囲を超えるものであるか否かの検討に当たっても留意すべきものと考えられる。」としていますので、原告側の完全敗訴というわけではなく、今後のために論点が明らかになってきたと思います。

最高裁多数意見は、「婚姻の際に『氏の変更を強制されない自由』が憲法上の権利として保障される人格権の一内容であるとはいえない。本件規定は、憲法一三条に違反するものではない。」としました。しかし他方で、「婚姻前に築いた個人の信用、評価、名誉感情等を婚姻後も維持する利益等は、憲法上の権利として保障される人格権の一内容であるとまではいえないものの、後記のとおり、氏を含めた婚姻及び家族に関する法制度の在り方を検討するに当たって考慮すべき人格的利益であるとはいえるのであり、憲法二四条の認める立法裁量の範囲を超えるものであるか否かの検討に当たって考慮すべき事項である」と述べています（詳細は、辻村『憲法と家族』二六三頁以下参照）。

また、「憲法上直接保障された権利とまではいえない人格的利益や実質的平等は、その内容として多様なものが考えられ、それらの実現の在り方は、その時々における社会的条件、国民生活の状況、家族の在り方等との関係において決められるべきものである。」とし、「氏の通称使用が広まることにより一定程度は緩和され得るものである。以上の点を総合的に考慮すると、……憲法二四条に違反するものではない。」としました。他方で、「そのような制度（いわゆる選択的夫婦別氏制）に合理性がないと断ずるものではない。上記のとおり、夫婦同氏制の採用については、嫡出子の仕組みなどの婚姻制度や氏の在り方に対する社会の受け止め方に依拠するところが少なくなく、この点の状況に関する判断を含め、この種の制度の在り方は、国会で論ぜられ、判断されるべき事柄にほかならないというべきである。」と述べて、立法によって選択的別姓制を導入することを容認する可能性を示唆したことは重要です。ただ、多数意見は、制度優先の思考が顕著で、立法裁量論を重視しているため、今後、国会でも法改正を考えてゆく必要があります。

少数意見のなかでは、五名の裁判官による違憲論の主張は注目すべきものです。とくに山浦裁判官の次のような反対意見は、論理明快で、論理的にも現実的にも、非常に筋の通った見解であると考えます。

「世界の多くの国において、夫婦同氏の他に夫婦別氏が認められている。女子差別撤廃委員会からは、平成一五年以降、繰り返し、我が国の民法に夫婦の氏の選択に関する差別的な法規定が含まれていることについて懸念が表明され、その廃止が要請されるにまで至っている。……以上を総合すれば、少なくとも、法制審議会が法務大臣に「民法の一部を改正する法律案要綱」を答申した平成八年以降相当期間を経過した時点においては、……憲法の規定に違反することが国会にとっても明白になっていた。……したがって、本件立法不作為は、……国会が正当な理由なく長期にわたって改廃等の立法措置を怠っていたものとして、国家賠償法1条1項の適用上違法の評価を受けるものである。そして、本件立法不作為については、過失の存在も否定することはできない。このような本件立法不作為の結果、上告人らは、精神的苦痛を被ったものというべきであるから、本件においては、上記の違法な本件立法不作為を理由とする国家賠償請求を認容すべきであると考える。」

間接差別の該当性と実質的平等保障

上告人たちは、上告理由のなかで、実質的平等違反と間接差別禁止違反を指摘しましたので、この点もみておきます。

間接差別禁止の法理とは、外見上は、性別において中立でも結果的に差別がある場合に憲法違反と論じる議論であり、日本では一般に、「外見上は性中立的な規定、基準、慣行等が、他の性の構成員と比較して、一方の性の構成員に相当程度の不利益を与え、しかもその基準等が職務と関連性がない等合理性・正当性が認められないものを指す」（厚生労働省男女雇用機会均等政策研究会報告書、二〇〇四年）と定義されています。二〇〇六年の男女雇用機会均等法改正により、これを禁止する法理が導入されましたが、法文上で間接差別の文言は使用されていません。また、同法改正後の労働事件等でいまだ間接差別を明確に認定した裁判例が出ておらず、世帯主要件や勤務地要件からみて最も間接差別が疑われた事件においても、これが認定されたわけではありません。

間接差別の定義に関して、実質的平等保障の観点から実質的不平等（平等権侵害）を問題にする見解（A広義説）と、差別的意図に基づく差別に限定して捉える見解（B狭義説）に分けることができます。アメリカの判例理論（差別的効果の法理）に依拠する限りはＢ説のように差別的意図を問題とすることが妥当と思われますが、イギリスの間接差別論と異なる点もあり、また近年ではＥＵでの著しい展開が認められるため、今後の研究をまって、さらに議論を深めることが必要です。

また、日本の憲法学では、間接差別について本件の上告人側の高橋和之意見書でも援用されており、憲法一四条には、形式的平等だけでなく実質的平等も入ることは理解されるようになってきました。それでも、二〇〇六年均等法改正で間接差別が明示された後も、憲法の代表的教科書にも書いてない状態です。

このような状況下で、本件最高裁判決は、「本件規定は、夫婦が夫又は妻の氏を称するものとしており、……本件規定の定める夫婦同氏制それ自体に男女間の形式的な不平等が存在するわけではない。」とのべて、憲法一四条についてあくまで形式的平等の原則によって理解しています。この点で、憲法の平等原則に関して実質的平等の観点から考察すべきことが、今後の重要な課題であることがわかります。

国民の意識

また、岡部裁判官たち女性裁判官三名が指摘したように、夫婦のうち九六％の女性が夫の氏を選択しているとしても、これは、社会全体の傾向にしたがったもので、例外的に選択的別姓にすることができないことに起因するといえます。そこで、一九九六年に公表された民法改正草案要綱でも、選択的別姓制が採用されていました。世論調査結果でも、賛成が多いのですが、世代によって、違っています。ただ、判決がいうように、家族制度が崩れると考えるのか、個人が大事と考えるか、制度か個人かという点では、憲法制定のときと同じです。そして、日本国憲法は、個人の方を重視する考え方を採用したものの、実際には、制度を重視する考えが根強く、個人中心の考え方に変わりきってない、ということだと思います。

(2) 今後の課題——憲法理論的課題

最高裁多数意見については、これまでの判例理論との継続性や、新しい人権、国家賠償を承認することによる他の裁判等への影響を考えれば、論理的には、「理解」ないし予測できる内容の判決だったと思います。今回、上告代理人が主張した内容は、憲法一三条の「新しい人権」論や、一四条の間接差別論など理論的にも最前線の、新しい優れた内容で、高レベルの上告理由書だったと思います。

仮に今回の違憲論のグループがあと三名多くなれば結論も変わった（例えば、夫婦同氏原則に含まれている問題の重要性を経験的に知っているといえる女性の裁判官が、せめて三割、五名いれば判決も変わっていた可能性がある）わけですので、今後の方向性はみえていると思います。木内裁判官、山浦裁判官の論理が司法界を変えるためにも大きな影響を与えると思いますので、次は、憲法一四条論、間接差別・実質的差別論が、多数意見で採用される状況まで、憲法学界等の通説を変えてゆく必要があると思っています。

また、憲法理論的には、民法七三三条（再婚禁止期間規定）および七五〇条（夫婦同氏強制規定）との関係では、婚姻の自由（婚姻する権利）が重要であり、憲法学説では憲法二四条一項および一三条によって保障されていると解されます。「何人も、自己の意に反する配偶者との婚姻を強制されず、また婚姻の成立にあたっては、当事者本人以外の第三者の意思によって妨げられない」自由として理解されてきましたが、国家との関係でも、仮に、国家が婚姻を一切禁止する法律や意に反する婚姻を強制する法律を制定した場合に、ほぼ異論なく憲法違反と解されるであろうことを想起すれば、婚姻の自由自体を、憲法上の権利と解するとしても問題はないと思われます。

民法七五〇条の夫婦同氏強制との関係では、氏に関する利益と「人格権」、婚姻の際の「氏の変更を強制されない権利（自由）」が問題となります。二〇一五年判決において、最高裁大法廷は、「氏に関する上記人格権の内容も、憲法上一義的に捉えられるべきものではなく、憲法の趣旨を踏まえつつ定められる法制度をまって初めて具体的に捉えられるもの」と解しました。ここでも「制度優先思考」に対して疑問が提起されます。本来、制度は人権の制約として許される範囲で制定されなければならず、人権が制度によって限界付けられるという発想は、本末転倒のそしりを免れないと思われるからです。

立法論的課題

立法論的課題としては、民法七五〇条の改正のほか、七七二条の嫡出推定制度を今後どうするか、が問題になります。現に、嫡出否認の訴えを夫のみが起こすことができるとされていること、子どもや母親が否認できないということは、憲法違反であるとして、七七四条に関する訴訟が起こされており、これが今日のいわゆる三〇〇日問題や、無戸籍問題につながっていますので、今後の裁判の行方を注目したいと思っています。

そもそも、家族、親子のつながりというのは、血縁によるべきなのかどうか、血縁主義と、外観説（明白な外観がない限り、嫡出性が推定される、という形式的な論理）の対立に関わっています。最近では、ＤＮＡ鑑定によって、親子関係が科学的にわかるようになっていますので、今後は法改正等による対応が必要になると思いますが、現時点では、最高裁も、一旦は子の身分を安定させる、という目的を重視して、ＤＮＡ鑑定でも嫡出推定による親子関係を覆せないと解しています（最一判二〇一四〈平二六〉・七・一七民集六八巻六号五四七頁）。ここでは、家族とは、結局、従来通り、制度や公序（秩序）として理解されていることがわかります。

5 「個人の尊重」が保障される社会へ――残された課題

憲法七〇年目の個人と家族

これまで、戦後七〇年の日本の憲法政治や社会の変動を念頭に置きながら、家族や個人の在り方について考えてきました。

夫婦別姓訴訟などでは、保守派の人たちは、夫婦が別姓になると家族制度が崩れると考えるのですが、そうでしょうか。それよりも、個人が大事と考えるかどうかです。制度か、個人か、という点では、憲法制定のときと同じ問題で、日本国憲法は、個人の方を重視する憲法規定を採用したけれども、実際には、制度を重視する考え方が根強く、個人中心の考え方に変わりきってない、ということは、すでに指摘したとおりです。

この意味では、日本の戦後七〇年では、憲法一四条・二四条が保障する男女平等だけでなく、憲法一三条が掲げた「個人の尊重」を核とする人権の観念自体が、十分に定着していないといえるでしょう。

もっといえば、女性の社会的地位や、家族の制度が、戦後の日本国憲法の理念にあわない形で、戦前から変わらないで来てしまった、ということでしょう。

婚外子の相続差別分違憲決定が最高裁で出されたのは二〇一三年で、戦後六八年後のことです。少なくとも一九八九年に子どもの権利条約（児童の権利条約）が締結され（一九九〇年発効）、一九九四年に日本でも発効された後は、子どもの出生による差別の禁止、子どもの人権や個人の尊重の考え方から、日本の民法九〇〇条の婚外子（非嫡出子）差別規定は、不合理な差別であるといわれ続けていたのです。しかし、最高裁小法廷で一九九五年に合憲決定が下され、それから二〇年近くたった二〇一三年になって、ようやく、大法廷から違憲の決定が下されたものです。

世界では、条約に従って法改正が進んでいたのに、なぜ日本では方針どおり進まなかったのか。背景には、「法律婚主義の尊重」がありました。

法律婚以外の事実婚や、シングル・マザーなどの個人の生き方を認めず、法律の枠にはめようとする、法律婚尊重主義の考え方が、民法七五〇条（夫婦同氏原則）維持の運用に現れています。婚姻のときに、夫婦のどちらの氏を選んでもいいにもかかわらず、九六％のカップルで、夫の氏を選んできたという構造に示されました。

婚外子の比率も、日本では、二・三％ですが、欧米では、五〇％以上の国がたくさんあります。

というより、ヨーロッパ諸国の平均は、五〇％近くになっているのが現状です。二〇一五年一二月に厚労省から公表された統計表でも、フランス五六・六％、スウェーデン五四・四％、イギリス四七・六％、アメリカ四〇・三％です。

これらの国では、家族制度が崩壊しているわけではありません。また、子どもを平等に扱って個人を尊重していますので、氏が夫婦や親子間で違っても、家族関係は変わらない、ということがいえると思います。

日本の場合は、政治の面で、反個人主義の保守政党が、一九五五年以降憲法改正を目指して政権運営をして「解釈改憲」を進めてきたことが、社会の意識にも影響していると思います。

制度が変わらないから、例えば、お墓（個人の墓でなく家の墓、〇〇家の墓）や戸籍（世帯主制度、婚外子の記載）、結婚披露宴での表記（〇〇家披露宴など）という慣行も変わらず、人権意識はそれなりに定着しているはずなのに、個人が尊重されず、制度のなかに個人の人権が埋没しているといえるでしょう。

最高裁が、民法七三三条の規定を一部憲法違反としたのは当然としても、民法七三一条の婚姻適齢や皇室典範など、現行法でも、憲法違反の疑いが強い規定がたくさんあります。これらはいずれも、国連の女性差別撤廃委員会（ＣＥＤＡＷ）が、一九九〇年代から、法改正を勧告する形で、指摘してきたものです。刑法一七七条の旧強姦罪の規定については、法制審議会で改正手続が進み、二〇一七年六月に改正が成立して、対象を男女双方にするとともに、強姦罪の名称も強制性交罪等に改められました。他方、選択的夫婦別姓制への民法七五〇条改正や、嫡出推定に関わる民法七七二条の見直しは、まだ、次の課題です。

そのような状況のなかで、憲法二四条の改憲案が出されています（本書一三六頁参照）ので、今後このような流れをストップするとともに、本来の個人の尊重原理のもとで家族制度の改革を進めて行かなければならないと思っています。

戦後七〇年の改憲論の展開についてはすでにみたところですが、天皇の元首化や、九条の改正、と並んで、個人の人権保障についても、国民の義務の重視とか、家族の保護など、さまざまな改正案が提示されて来ました。これらの多くは、国家の構造に関わるものであることが理解されます。

実際、国民主権も平和主義もいずれも、個人の人権を保障するための手段と考えて、個人を最優先して、国家が個人のためにあると考える立場と、反対に、国家のために個人や社会が貢献するという考えが対抗しています。

例えば、すでにみた二〇一二年の自民党改憲草案は、後者の例です。その前文には、「日本国民は、国と郷土を誇りと気概を持って自ら守り、基本的人権を尊重するとともに、和を尊び、家族や社会全体が互いに助け合って、国家を形成する」となっています。国民が、国を守り、家族や社会が助け合って、国家を形成するという構図です。要するに、国民は国家のために存在するという考え方であり、近代立憲主義の考え方（国家は、個人の権利を保障する為に存在する）とは逆なのです。

これらのことが、二〇〇六年の教育基本法改正でも、示されました。この改正のときには、郷土や国を愛する心などが強調されましたが、これと同時に、二〇〇六年一二月に親学推進協会が設立され、親学推進議員連盟が発足しました。親学とは、日本の伝統的子育て、親心の涵養、などを称揚するもので、日本会議の役員（日本青年協議会の元幹部）などが中心の運動体「親学推進協会」を母体にしているようです。このような流れが「家庭教育支援法案」につながっており、国家が、「国民を家族のレベルで掌握する」（本田・伊藤編『国家がなぜ家族に干渉するのか』一六頁）構造を作っているといえます。

また、いわゆる「家庭教育支援法案」（仮称）（平成二八年一〇月二〇日現在［未定稿］）によれば、第二条の基礎理念について、次のように定められています。

「2　家庭教育支援は、家庭教育の自主性を尊重しつつ、社会の基礎的な集団である家族が共同生活を営む場である家庭において、父母その他の保護者が子に社会との関わりを自覚させ、子の人格形成の基礎を培い、子に国家及び社会の形成者として必要な資質が備わるようにすることができるよう環境の整備を図ることを旨として行われなければならない」。

要するに、国家と社会のための教育を、子どもの保護者にさせようということだと思われます。次の国会に上程されるといわれている法案については、まだ内容が明らかになってないところもありますが、今後も監視を続ける必要があると思います（二宮周平「家庭教育支援法について」本田・伊藤前掲編著二五頁以下参照）。

他方、「親子関係断絶防止法（正式名称は、父母の離婚等の後における子と父母との継続的な関係の維持促進に関する法律案）」のほうは、「親子断絶防止法 全国連絡会」のウェブサイトによれば、両親の愛情が子どもの健全な成長に不可欠であるとの認識のもと、子どもの連れ去り別居、その後の引き離しによる親子の断絶を防止し、子の最善の利益が実現される法制度の構築を目指しています。

二〇一四年時点で議連会長だった保岡興治元議員の言葉によれば、離婚後に単独親権を求める親が、子どもを連れ去るケースが多発しているため、これを防ぐ必要があるとされており、ＤＶなどの場合も、子どもを連れて行けば、「連れ去り、拉致、誘拐」になるとして非難されています。このため、女性団体等から、大きな批判が寄せられているところです。

二〇一一年の民法改正で、七六六条一項に、協議離婚後の面会交流が明記され、最高裁も、二〇一三（平成二五）年三月二八日第一小法廷判決（民集六七巻三号八六四頁）で、間接強制も可能であることを認めています。この問題は、難しい問題を含んでいますので今後の課題にとどめさせて頂きますが、国家の構造論と家族・親子・育児・教育の問題が関連を持っていることを確認しておきたいと思います。個人を尊重するよりも国家に奉仕する家族・子育て、愛国心の醸成、福祉責任の肩代わりなど、国家と個人・家族が対抗関係にあることがわかります。

そして、何より、本書で概観した例だけでも、戦後七〇年たった今も、人格権や個人の尊重という価値観を共有することも道半ばである、ということが、わかったような気がします。日本国憲法下で家制度も廃止され、憲法一三条・二四条のもとで、戦前とは異なる原理のもとで、家族を新たに築いてゆくべきだったはずですが、道は遠く、険しいようです。

ＬＧＢＴなど少数者の人権、女性の人権、氏の変更を強制されない（男女の）権利など、今後の課題が山積しています。

背景には、意思決定過程の男女共同参画の遅れや民主主義の後進性があります。そのうえに、構造的な性別役割分業や家族制度などが男女共同参画や少数者の人権の実現を阻んでおり、憲法施行後七〇年が経過しても、憲法一三条・一四条や二四条が十分に定着せず、そのための意識改革ができない状態を生んだといえます。これを改善するためには、政治面での男女共同参画推進をはじめ、社会全体の性別役割分業構造の改革や、性別役割分担意識の改革が必要となります。

一九九六年の法制審議会で民法改正草案要綱が出されてから二〇年以上たっても、選択的夫婦別姓制などを導入することができないという現実からしても、ようやく、最高裁裁判官の一五名中五名の違憲判断が出る状態になったばかりであることが痛感されます。

戦後七〇年たって、日本国憲法の「個人の尊重」という原則が根付いたのかと問われれば、「道半ば」というより、「道　三分の一」しか進んでない段階だと答えることになるでしょう。

これまで、家族の多様性と憲法について、たくさんの問題を扱ってきましたが、憲法一三条の「個人の尊重」と、二四条の個人の尊厳と両性平等の原則が、すべての局面に共通している最も重要な原則であることを最後にもう一度指摘して、本章を閉じさせて頂きます。

あとがき

この本は、憲法施行七〇年を経て、人権保障や平和主義を一層定着させていかなければならないときに、「政治の論理」によって憲法改正論議が進められていることを危惧する立場から書かれています。国民の間で「熟議」を尽くす機会や期間を十分に与えられないままに、「政治の力」すなわち与党の議席数に物をいわせて、私たち国民の将来に大きな意味を持つような憲法改正手続が進められることだけは、避けなければなりません。そのためには、私たち自身が、まず、「立憲主義」や「硬性憲法」の意味、憲法改正論の焦点である憲法九条や一三条・二四条の在り方を、真摯に考え、議論し、立場を決める必要があります。この小さな書物が、そのためにわずかでもお役に立てることを願っております。

この本の内容は、最近行った講演（本書一七三頁の一覧参照）がもとになっています。講演会を企画してくださった、大阪弁護士会（小原正敏会長・島尾恵理副会長）、沖縄弁護士会（両性平等委員会・村上尚子委員長）、日本弁護士連合会（両性の平等委員会・打越さく良弁護士）、東北女性弁護士九条の会（小島妙子弁護士）、日仏会館（三浦信孝副理事長）、女性科学研究者の環境改善に関する懇談会（原ひろ子元会長、羽場久美子会長）、市川房枝記念会（山口みつ子理事長）はじめ、お世話になった皆様に厚くお礼を申し上げます。

また、出版事情が厳しいなか、前回の憲法講演録（辻村『憲法から世界を診る――人権・平和・ジェンダー〔講演録〕』二〇一一年）に引き続き、本書の刊行をお認め下さいました法律文化社の田靡純子社長をはじめとする皆様、とりわけ懇切なお世話をして頂いた小西英央さんに心より感謝申し上げます。

最後に、二〇一七年一一月、沖縄での講演会の当日、久々に「沖縄県平和祈念資料館」を訪れることができて幸いでした。本書では、重要なオキナワの問題に十分に触れることができませんでしたが、資料館の展示「むすびのことば」のなかの次の言葉を改めて心に刻みたいと思います。

「戦争をおこすのは、たしかに人間です。しかし　それ以上に　戦争を許さない努力のできるのも　私たち　人間ではないでしょうか。」

（沖縄県平和祈念資料館「展示むすびのことば」より一部引用。全文は http://www.peace-museum.pref.okinawa.jp/annai/tenji_sisetu/josetuten/4/n_zone.html 参照。）

憲法状況があわただしく動くなかで、世界の平和と日本国憲法の発展を祈りつつ、本書を閉じます。

二〇一八年二月

辻村みよ子

主な参考文献

辻村みよ子『人権の普遍性と歴史性――フランス人権宣言と現代憲法』創文社（一九九二年）
同『ジェンダーと人権――歴史と理論から学ぶ』日本評論社（二〇〇八年）
同『憲法とジェンダー』有斐閣（二〇〇九年）
同『憲法から世界を診る――人権・平和・ジェンダー〔講演録〕』法律文化社（二〇一一年）
同『ポジティヴ・アクション――「法による平等」の技法』岩波書店（二〇一一年）
同『代理母問題を考える』岩波書店（二〇一二年）
同『人権をめぐる十五講――現代の難問に挑む』岩波書店（二〇一三年）
同『比較のなかの改憲論――日本国憲法の位置』岩波書店（二〇一四年）
同『選挙権と国民主権――政治を市民の手にとり戻すために』日本評論社（二〇一五年）
同『憲法と家族』日本加除出版（二〇一六年）
同『憲法〔第五版〕』日本評論社（二〇一六年）、第六版（二〇一八年）
同『比較憲法〔第三版〕』岩波書店（二〇一八年）
辻村みよ子監訳（オリヴィエ・ブラン著）『オランプ・ドゥ・グージュ――フランス革命と女性の権利宣言』信山社（二〇一〇年）
辻村みよ子・古関彰一「〔対談〕ベアテ・シロタ・ゴードンさんを偲んで――『起草秘話』から憲法の現在を問う」世界二〇一三年四月号（岩波書店）
辻村みよ子編集代表（山元一・糠塚康江ほか編）『政治・社会の変動と憲法――フランス憲法からの展望（全Ⅱ巻）』信山社（二〇一七年）

初宿正典・辻村みよ子編『新解説　世界憲法集（第四版）』三省堂（二〇一七年）
辻村みよ子編著『最新　憲法資料集──年表・史料・判例解説』信山社（二〇一八年）
愛敬浩二『改憲問題』筑摩書房（二〇〇六年）
浅野一郎・杉原泰雄監修『憲法答弁集一九四七〜一九九九年』信山社（二〇〇三年）
芦部信喜（高橋和之補訂）『憲法（第六版）』岩波書店（二〇一五年）
浦田一郎編『政府の憲法九条解釈──内閣法制局資料と解説』信山社（二〇一三年）
奥平康弘・愛敬浩二・青井未帆編『改憲の何が問題か』岩波書店（二〇一三年）
古関彰一『日本国憲法の誕生』岩波書店（二〇〇九年）
高見勝利『憲法改正とは何だろうか』岩波書店（二〇一七年）
中里見博『憲法24条＋9条』かもがわ出版（二〇〇五年）
長谷部恭男・杉田敦編『安保法制の何が問題か』岩波書店（二〇一五年）
樋口陽一『いま、「憲法改正」をどう考えるか』岩波書店（二〇一三年）
樋口陽一・小林節『「憲法改正」の真実』集英社（二〇一六年）
本田由紀・伊藤公雄編著『国家がなぜ家族に干渉するのか──法案・政策の背後にあるもの』青弓社（二〇一七年）
前田朗『軍隊のない国家──二七の国々と人びと』日本評論社（二〇〇八年）
水島朝穂『平和の憲法政策論』日本評論社（二〇一七年）
山内敏弘『人権・主権・平和──生命権からの憲法的省察』日本評論社（二〇〇三年）
渡辺治編著『憲法改正問題資料（上、下）』旬報社（二〇一五年）

もとになった講演等一覧

第1章　1～4

＊日仏会館フランス文化講演シリーズ（2015年4月23日・日仏会館ホール）「憲法を考える――日本の立憲主義は「危機」にあるのか」

第2章　1～3，辻村『憲法（第5版）』日本評論社（2016年）参照

4

＊東北女性弁護士9条の会主催講演会（2011年11月15日・仙台弁護士会館）

「『人権としての平和』と生存権――日本国憲法の先駆性から震災復興を考える」

第3章　1～4

＊沖縄弁護士会主催講演会（2017年11月24日・沖縄弁護士会館）「家族と国家と憲法～過去・現在そしてこれから」

＊大阪弁護士会主催　憲法記念行事（2017年5月13日・大阪弁護士会館）「憲法の多様性と家族」

＊JAICOWS（女性科学研究者の環境改善に関する懇談会）主催講演会（2016年1月9日・青山学院大学）

「家族と憲法～2016年12月16日最高裁判決をめぐって～」

＊市川房枝記念会連続講演会「戦後70年を考える」（2016年3月12日・婦選会館）

「女性と人権――政治参画の現状と夫婦別姓訴訟最高裁判決から考える」

＊日本弁護士連合会　両性の平等委員会（2016年11月14日・弁護士会館）

「家族と憲法――憲法24条の意義と理論的課題」

辻村『憲法と家族』日本加除出版（2016年）参照

■著 者 紹 介

辻村 みよ子（Tsujimura Miyoko）

明治大学専門職大学院法務研究科教授，東北大学名誉教授

東京生まれ。広島大学付属高等学校・一橋大学法学部卒，同大学院博士課程単位修得後，一橋大学助手，成城大学助教授・教授，東北大学大学院法学研究科教授を経て，現職。東北大学ディスティングイッシュト・プロフェッサー，グローバルCOE「グローバル時代の男女共同参画と多文化共生」拠点リーダー，日本学術会議会員，男女共同参画会議議員，日本公法学会理事，全国憲法研究会代表，国際憲法学会理事・同日本支部副代表，ジェンダー法学会理事長等を歴任。専門は，憲法学・比較憲法・ジェンダー法学（法学博士）

主な著書

『フランス革命の憲法原理』（日本評論社，1989年），『「権利」としての選挙権』（勁草書房，1989年），『人権の普遍性と歴史性』（創文社，1992年），『市民主権の可能性』（有信堂，2002年），『ジェンダーと人権』（日本評論社，2008年），『憲法とジェンダー』（有斐閣，2009年），『フランス憲法と現代立憲主義の挑戦』（有信堂，2010年），『憲法から世界を診る』（法律文化社，2011年），『ポジティヴ・アクション』（岩波新書，2011年），『代理母問題を考える』（岩波書店，2012年），『人権をめぐる十五講』（岩波書店，2013年），『比較のなかの改憲論』（岩波新書，2014年），『選挙権と国民主権』（日本評論社，2015年），『憲法と家族』（日本加除出版，2016年），『概説　ジェンダーと法（第２版）』（信山社，2016年），『比較憲法（第３版）』（岩波書店，2018年），『憲法（第６版）』（日本評論社，2018年），『最新　憲法資料集』（編著，信山社，2018年）

伊地知紀子・新ケ江章友編
本当は怖い自民党改憲草案
四六判・二四八頁・二〇〇〇円

もしも、憲法が改正されたらどのような社会になるのか?! 自民党主導による改憲が現実味をおびはじめるなか、私たちの生活にどのような影響がでるのか。七つのテーマ（章）、全体像（オピニオン）、重要ポイント（コラム）からシミュレーションする。

松宮孝明著
「共謀罪」を問う
—法の解釈・運用をめぐる問題点—
A5判・一〇〇頁・九二六円

刑法学者による監視社会への警鐘の書。恣意的解釈・運用の危険を減らすべく、共謀罪規定の逐条解説をおこない、刑法や刑事訴訟法と関わる問題にも鋭く切り込む。共謀罪の対象犯罪を整理した別表・新旧条文対照表など資料も充実。

阪口正二郎・毛利 透・愛敬浩二編
なぜ表現の自由か
—理論的視座と現況への問い—
A5判・二六六頁・三〇〇〇円

表現の自由は、なぜ・どのように保障されるべきなのかについて憲法学の成果をふまえ考察し、理論的視座と課題を明示する。ヘイトスピーチ・報道・性表現への規制や「忘れられる権利」などの新たな課題も含め、表現の自由を取り巻く現況を考察する。

辻村みよ子著
憲法から世界を診る
—人権・平和・ジェンダー〈講演録〉—
四六判・一九〇頁・一九〇〇円

憲法理論をベースに人権・平和・ジェンダーの関係を整理し、市民主権による平和構築の必要性を訴える。ジェンダー平等社会へ向けた課題と展望について熱く語り、憲法原理が体現される社会へ向けた渾身のメッセージ。

法律文化社

表示価格は本体(税別)価格です

Horitsu Bunka Sha

憲法改正論の焦点
──平和・人権・家族を考える

2018年5月3日　初版第1刷発行

著　者　辻　村　み　よ　子

発行者　田　靡　純　子

発行所　株式会社　法律文化社

〒603-8053
京都市北区上賀茂岩ヶ垣内町71
電話 075(791)7131　FAX 075(721)8400
http://www.hou-bun.com/

＊乱丁など不良本がありましたら、ご連絡ください。
送料小社負担にてお取り替えいたします。

印刷：㈱冨山房インターナショナル／製本：㈱藤沢製本
装幀：奥野　章

ISBN 978-4-589-03929-3
© 2018 Miyoko Tsujimura Printed in Japan

JCOPY 〈㈳出版者著作権管理機構 委託出版物〉
本書の無断複写は著作権法上での例外を除き禁じられています。複写される場合は、そのつど事前に、㈳出版者著作権管理機構（電話 03-3513-6969、FAX 03-3513-6979、e-mail: info@jcopy.or.jp）の許諾を得てください。